Oui! Mais le monde est bien grand,
et la vie est bien courte!
Pour laisser une œuvre complète,
il faudrait vivre cent ans!»

Jean-Paul Dekiss, scénariste et réalisateur, est l'auteur de 25 films, documentaires ou de fiction, dont *Les Murs d'une Révolution*. Il est également producteur indépendant et responsable de formation à la production télévisuelle à l'I.N.A. Depuis 1985, il s'est passionné pour la vie et l'œuvre de Jules Verne, en adaptant pour la télévision *Le Secret de Wilhelm Storitz* et pour le grand écran *Le Pilote du Danube*. Il travaille au projet d'un film sur la vie de Jules Verne. Il est par ailleurs administrateur du Centre de documentation Jules-Verne à Amiens.

Tous droits de traduction et d'adaptation réservés pour tous pays
© *Gallimard 1991*

Dépôt légal : septembre 1991
Numéro d'édition : 52713
ISBN : 2-07-053168-6
Imprimerie Kapp Lahure
Jombart, à Evreux

JULES VERNE
LE RÊVE DU PROGRÈS

Jean-Paul Dekiss

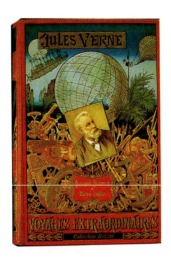

DÉCOUVERTES GALLIMARD
LITTÉRATURE

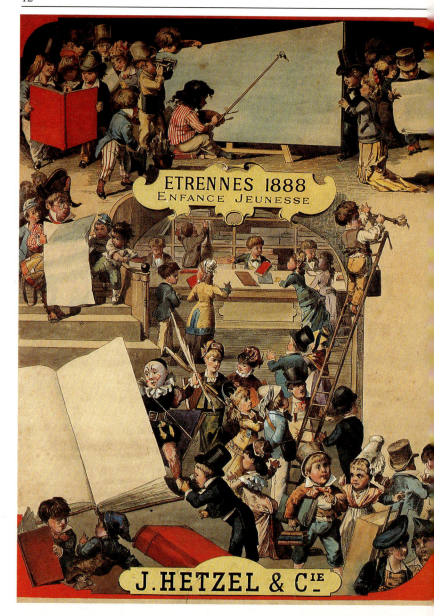

Il n'aime pas les sots, on le dit taciturne. Il en impose par son caractère plus que par son génie. Enfant déjà, il voyage avec l'imaginaire. Jules Verne vogue de l'enfance à la bohème, de Nantes à Paris, du droit vers le théâtre et du boulevard vers la littérature. Abandonnant toutes les Eglises pour un Dieu sans religion, il se consacre à la nouvelle démesure des hommes.

CHAPITRE PREMIER
L'ENFANT DE LA LOIRE

« Je partirai! Steamer
balançant ta mâture,
Lève l'ancre pour une
exotique nature!
Un ennui, désolé par
les cruels espoirs,
Croit encore à l'adieu
suprême des
mouchoirs!
Et, peut-être, les mâts
invitant les orages,
Sont-ils de ceux qu'un
vent penche sur les
naufrages... »
Stéphane Mallarmé,
Brise marine

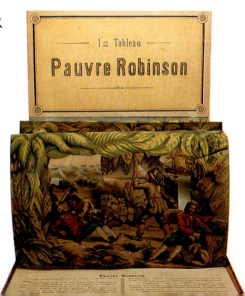

L'ENFANT DE LA LOIRE

Le 8 février 1828, à 12 heures, Jules Verne voit le jour à Nantes, sur l'île Feydeau, entre deux bras de Loire. C'est le premier enfant de Pierre Verne et Sophie Allotte mariés un an auparavant. Puis naissent Paul, quand Jules a un an ; Anne, quand il en a neuf ; Mathilde, quand il en a onze ; et, lorsqu'il a quatorze ans, Marie, qu'il surnomme « le chou ». La famille est installée 2, quai Jean-Bart avant de déménager en 1840 au 6, rue Jean-Jacques-Rousseau.

Entre le fleuve et l'océan...

Nantes est alors un grand port maritime. Les quais de l'île Feydeau voient s'empiler les cargaisons qui attendent, qui vont, qui viennent, à l'ombre des grands ormes. Les navires sont à quai sur deux ou trois rangs : trois-mâts, carrés ou goélettes, bricks aux ventres ronds, grands voiliers transatlantiques, serrés les uns contre les autres, voyageurs du tour du monde qui font escale et attendent, voiles carguées

❝J'en étais toujours à m'embarquer par la pensée sur les sardinières, les chaloupes de pêche, les bricks, goélettes et trois-mâts...❞

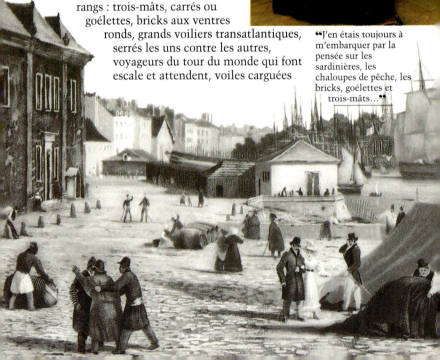

VERNE, LE NOM CELTE DE L'AULNE

dans l'entrelacs des haubans, le coup de corne pour le prochain départ.

Un jour, à huit ans, le petit Jules escalade les bastingages d'un trois-mâts : «Me voilà sur le pont [...]. Ma main saisit une drisse et la fait glisser dans la poulie! [...] Quelle joie! Les panneaux de la cale sont ouverts! [...] Je me penche sur cet abîme, les odeurs fortes qui s'en dégagent me montent à la tête – ces odeurs où l'âcre émanation du goudron se mélange au parfum des épices! [...]» Il ne les oubliera plus : «En imagination je grimpais dans leurs haubans, je me hissais à leur hune, je me cramponnais à la pomme de leurs mâts», écrit-il dans ses souvenirs.

De Lyon à Provins en passant par Mâcon et Paris, trois générations de juristes précèdent Jules Verne. L'arrière-grand-père, Antoine est conseiller notaire à Paris sous Louis XV; le grand-père, Gabriel, juge suppléant à Provins; le père, Pierre (1798-1871, à gauche), s'installe comme avoué à Nantes en 1826. La famille de Sophie Verne, née Allotte de la Fuÿe (1801-1887, en page de gauche) est originaire d'Ecosse. L'ancêtre Allotte arrive en France en 1462, dans la garde écossaise de Louis XI, et obtient par privilège royal le droit de fuÿe, l'autorisation d'avoir un colombier. L'arrière-grand-père, Alexandre, s'installe à Nantes vers 1760 comme armateur aux îles.

... les quais et Fenimore Cooper

Quelle atmosphère en écho à ses rêves d'aventures, à ses lectures d'enfant! A Robinson Crusoé, le héros solitaire livré à lui-même, Jules préfère le *Robinson suisse*, de J. D. Wyss, qui jette sur une île déserte une famille entière. L'enfant y trouve l'assurance de ne pas rester tout seul: «Que d'années j'ai passé sur leur île! Avec quelle ardeur je me suis associé à leurs découvertes! Combien j'ai envié leur sort!»

Rêver c'est bien, jouer c'est mieux. A La Guerche-en-Brains, en particulier, chez l'oncle Prudent, ancien armateur, où Jules entend fasciné les récits de voyages aux Amériques, et dans le parc: «Faute de pouvoir naviguer, mon frère et moi, nous voguions en pleine campagne, à travers les prairies et les bois. N'ayant pas de mâture où grimper nous passions des journées à la cime des arbres [...]. Les branches, agitées par la brise, donnaient l'illusion du tangage et du roulis.»

Les récits maritimes de Fenimore Cooper et les aventures de Bas de Cuir dans lesquels Français et Anglais se battent pour la conquête du Nouveau Monde – *La Prairie*, *Le Tueur de daim*, *Le Dernier des Mohicans* – emportent en imagination l'enfant de l'île Feydeau aussi sûrement que les cales odorantes et la lourde carène des navires marchands.

«Heureusement les enfants studieux ne manquent jamais d'être des jeunes gens stupides et d'imbéciles grandes personnes»

Jules fait de l'escrime et apprend le piano. Il partage avec son père la passion de la

Jules (à gauche) et Paul Verne. Ils resteront complices toute la vie.

Robinson Crusoé, de Daniel De Foe (1719), est devenu le symbole du salut par le travail et de la lutte de l'être humain contre la solitude. Il exalte les valeurs économiques, morales et religieuses dans lesquelles les entreprises coloniales trouveront leur justification.

musique et retiendra définitivement de son éducation le respect des hautes valeurs morales. Chez sa mère il admire surtout les bons mots, la bonne humeur et l'esprit fantasque. «L'imagination Allotte! Il n'y a pas de locomotive Crampton, d'étincelle électrique qui puisse lutter de vitesse avec elle!», lui écrit-il à vingt ans!

Il apprend à lire et à écrire avec Mme Sambin, veuve d'un capitaine au long cours, et entre, avec son frère Paul, en pension chez les religieux à l'école Saint-Stanislas. Il continue ses études au petit séminaire où la bourgeoisie chrétienne de Nantes préfère envoyer ses rejetons, accusant le lycée d'être un foyer de libre pensée. Jules, élève moyen supportant mal la discipline religieuse, quitte le petit séminaire en troisième et passe le bac au lycée royal avant de commencer des études de droit.

Unique naufrage

A Chantenay, dans la banlieue de Nantes, la Loire offre des horizons calmes. Dans la maison de vacances de famille, Jules observe, depuis sa fenêtre, les bancs de sable, bordés de joncs et de roseaux. L'été, il dévale le talus avec Paul, saute dans une yole et navigue d'île en île.

Robinson suisse, de J. D. Wyss (1812), un classique de la littérature enfantine, raconte l'histoire d'une famille protestante qui surmonte par le travail collectif les péripéties d'un naufrage sur une île déserte.

La «Crampton», l'une des premières locomotives à grande vitesse, a été mise au point par T. R. Crampton.

Mais un jour, il est seul : «un bordage cède, une voie d'eau se déclare, impossible de l'aveugler, la yole coule à pic et je n'ai que le temps de m'élancer sur un îlot aux grands roseaux touffus dont le vent courbait les panaches.»

Déjà il est Robinson, mais où est le gibier? Et les coquillages?... Il n'y en a pas. «Enfin, je connaissais donc les affres de l'abandon, les horreurs du dénuement [...]. Cela ne dura que quelques heures et dès que la marée fut basse, je n'eus qu'à traverser avec de l'eau jusqu'à la cheville pour gagner ce que j'appelais le continent [...]. Telle fut cette navigation si mouvementée, avec vent contraire, voie d'eau, navire désemparé, tout ce que pouvait désirer un naufragé de mon âge!»

Entre 1830 et 1850, les «inexplosibles» assurent un service de passagers sur la Loire, de Nevers à Saint Nazaire. Ils disparaîtront devant la concurrence du chemin de fer. L'île Feydeau, symbole de la richesse de Nantes, a été construite sur pilotis, en 1723, par vingt-quatre riches planteurs de Saint-Domingue, ruinés en 1763 par le Traité de Paris et la disparition de la Compagnie des Indes.

A son retour, il fait l'admiration de sa cousine Caroline qui apparaît pour le temps des vacances, à Chantenay ou à La Guerche-en-Brains. Elle révèle en Jules Verne un adolescent sentimental et romantique. Cet amour, réduit au cadre familial, ces rêves d'étreintes, alimentés par des vacances communes et répétitives d'enfants qui grandissent, s'évanouissent un peu trop vite.

L'attitude de Jules dès ses premières amours (ci-dessous, sa cousine Caroline) sera celle qui dictera ses relations familiales et dominera son œuvre : les femmes seront pour lui soit totalement absentes, soit idéalisées et inaccessibles.

«Un clergé nul, un sot préfet, pas de fontaines : c'est là Nantes!»

La cousine Caroline rompt le charme en se mariant en 1847. Jules a dix-neuf ans. Heureusement,

le cercle des rencontres s'élargit et
les attirances du jeune homme se
dégagent de ces limbes incestueux.

Après le mariage de Caroline, c'est
Herminie Arnault-Grossetière qui
ravit son cœur. Jules, en quelques
mois, entre 1847 et 1848, lui dédie
trente poèmes dont on comprend
qu'ils n'aient pas emporté le cœur
de la demoiselle, et l'adolescent qui
s'attarde se convainc rapidement
de devoir progresser en littérature :
«O toi, dont les regards ont frappé
sur mon cœur
Comme sur un tambour, bruyante
charlatane
Oh! Prends garde en tapant trop fort
sur ton vainqueur
Qu'ils crèvent sa peau d'âne!»

LA RÉPUBLIQUE INSTRUISANT SES ENFANTS

Quand il apprend le mariage d'Herminie, sa
réaction «d'homme percé aux coudes aiguisant ses
dents sur le marteau de la porte», montre l'influence
exercée par Victor Hugo. Il en veut fort à cette ville
natale qui contredit ses amours et à ses bourgeoises
commères, comme cette « méchante, corruptrice,
excentrique bigote, vile menteuse, laide, au cœur loin
de la main, immonde, détruisant l'honneur de son
prochain», qui le sépare d'Herminie. C'est que dans
les sphères affairées de province on veut marier utile,
on veut marier sûr. Le petit Verne est bien jeune
encore et peut-on déjà savoir où il ira?

Mais baste! On lui vole ses amours? Ses passions
lui appartiennent! Rimailleur sans lendemain? Piètre
poète? Mauvais parti pour la bourgeoisie? Il
commence à étudier le droit à Nantes et débarque, en
juillet 1848, dans la capitale, tandis que viennent
de tonner les canons de Cavaignac.

Les lumières de la ville

«J'ai parcouru les divers points de l'émeute, rue Saint-
Jacques, Saint-Martin, Saint-Antoine, le petit pont, la
Belle Jardinière; j'ai vu les maisons criblées de balles et
trouées de boulets. Dans la longueur de ces rues, on

"Lamartine monte sur
un canapé bleu dont les
élastiques le
balançaient un peu
trop. Il me prie de
l'empêcher de chavirer,
et là, devant la foule se
renouvelant sans cesse,
il fait cinq ou six
allocutions
admirables.**"**
Pierre-Jules Hetzel

PARIS MONTE SUR LES BARRICADES

peut suivre la trace des boulets qui brisaient et écorniflaient balcons, enseignes, corniches sur leurs passage; c'est un spectacle affreux [...] »

Jules prend une chambre dans le quartier Latin, 24, rue de l'Ancienne-Comédie. Consciencieusement, il continue d'étudier le droit. A Nantes, son père attend de lui qu'il prenne la succession de son cabinet d'avocat. Jules reçoit en échange une pension modeste.

Son oncle Chateaubourg introduit le jeune provincial dans les salons parisiens. Plutôt taciturne, critique, aimant peu les choses superficielles, le jeune étudiant trouve que «ce n'est ni plus délirant, ni plus étourdissant, ni plus aplatissant, ni plus écrapoutissant qu'à Nantes».

Et pourtant il plaît! Et pour plaire, dans les salons de Mmes Jomini ou Mariani, il s'est fait une conduite, un peu hypocrite et un brin cynique : «Comment ne pas me trouver charmant, quand, en particulier, je me range toujours de l'avis

La IIe République a été proclamée le 24 février par un gouvernement provisoire où figurent Arago, Lamartine, Ledru-Rollin, Marrast (ci-dessous). Quatre mois plus tard, le peuple défile à nouveau. Du 23 au 26 juin, le général Cavaignac, à la tête de 30 000 hommes de troupe, écrase la révolte et organise une répression brutale qui discrédite la République de progrès au bénéfice du parti de l'ordre.

❝Marrast n'en voulait pas croire ses oreilles quand je lui répétais la phrase de Lamartine : "C'est la république pour demain." Sans ce mot nous n'aurions pas été de l'avant. Il voyait de loin bien mieux que de près. Les grands hommes sont presbytes. Ils ne sont bêtes que de près.❞
Pierre-Jules Hetzel

de celui qui me parle! Je comprends que je ne puis pas avoir mon opinion à moi ou je me ferais honnir! [...] Oh! Vingt ans! Vingt ans! J'espère bien un jour le leur rendre!» Il épouse

rapidement le parler provocateur, le trait moqueur qui est celui de la bohème.

A Nantes, la famille s'inquiète. Jules s'explique : «Moi-même, j'ai été le premier à reconnaître ce qu'il y avait de bon et de mauvais, à prendre et à laisser, dans ces soirées d'artistes, dont le nom vous effraie bien plus que la chose ne le mérite.»

Dans le salon de Mme Barrère, femme de quarante ans, cultivée, ayant beaucoup voyagé, Jules rencontre «toute la coterie romantique» auprès de laquelle il éprouve, écrit-il à son père, le «plaisir par trop nouveau, par trop merveilleux, d'être en contact immédiat avec la littérature, de pressentir la tournure qu'elle va prendre [...].» Déjà, il est concerné, il sent que vivre c'est écrire, et qu'écrire c'est plonger dans son époque.

Dans les salons littéraires, la mode est aux tables tournantes, à la chiromancie, aux mystères, aux jeux d'esprit avec les morts. De tables en mystères, Jules Verne, qui cherche à rencontrer Victor Hugo (à droite), rencontre Alexandre Dumas (ci-dessus).

«Il y a des études profondes à faire sur le temps présent et le genre à venir»

Curieux de tout savoir sur la littérature, il retrouve, après les parquets cirés et les tapis d'Orient, sa chambre et ses livres qu'il dévore : les classiques, et précisément Molière dont il admire l'esprit frondeur ;

mais surtout ses contemporains, le théâtre et les poèmes de Victor Hugo, les romans historiques et le théâtre d'Alexandre Dumas, les drames et les poèmes d'Alfred de Vigny, les comédies d'Alfred de Musset... Souvent réservé en société, Jules aime pourtant parler. Il aime rire et séduire. Il aime les dialogues et se passionne pour le théâtre, cette littérature incarnée, jouée, animée, qui attire spontanément son esprit mobile.

Après les auteurs français, il part à la découverte des romantiques allemands, Hölderlin, Schiller, Goethe et enfin, le maître anglais dont il garde constamment l'œuvre à portée de main, Shakespeare, défendu par Stendhal et redécouvert par les romantiques lors du passage des comédiens anglais à Paris.

Le théâtre est alors un art très populaire, il est le seul endroit où les idées et les opinions communiquent directement avec un large public. Hugo s'est employé pendant plus de quinze ans, entre 1827 et 1843, de

"Plus je vais chez les dames du monde littéraire, plus je vois l'immense quantité de connaissances que ses adeptes ont à leur disposition. [...] C'est Lamartine, Marrast, Napoléon qui leur viennent serrer la main ; c'est madame la comtesse d'un côté, madame la princesse de l'autre ; on y parle voitures, chevaux, chiens, chasseurs, livrée, politique, littérature ; on y juge les gens de points de vue fort nouveaux, mais fort souvent entachés de fausseté. Ceci, dit V. Hugo, n'est qu'une illusion d'optique, il y a des gens qui s'obstinent à prendre une chandelle pour une étoile.**"**

Lettre du 29-12-1848

Cromwell aux *Burgraves,* à briser les cadres décadents de la tragédie et du mélodrame, pour imposer le drame romantique et son écriture libre. La première représentation du *Lorenzaccio* de Musset remonte à 1834. Maintenant, en 1848, Dumas père triomphe dans le drame historique au point d'avoir son propre théâtre, Le Théâtre historique sur le «boulevard du crime»...

Jules remplit des pages d'alexandrins, d'abord des tragédies, puis des comédies. Une opportunité se présente. Il rencontre Alexandre Dumas fils, soudain rendu célèbre par *La Dame aux camélias*. Jules lui propose de lire le manuscrit d'une pièce en un acte et en vers qu'il vient de terminer : *Les Pailles rompues,* traitée comme un marivaudage léger.

«Quel indigne pari ! Mais que Dieu me pardonne, On donne quand on perd et pour gagner on donne»

La pièce est jouée, le 12 juin 1850 sur la scène de l'ancien Théâtre historique de Dumas père, rebaptisé Théâtre-Lyrique. Elle développe une double intrigue entre maîtres et valets autour d'un pari. En fait, un mari jaloux veut soustraire son épouse aux tentations de la ville, tandis qu'elle, au contraire,

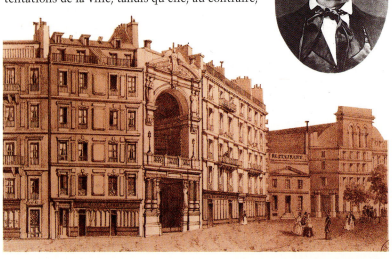

veut obtenir de lui une parure pour s'y montrer. Ils rompent la paille et concluent ce pacte : celui qui accepte de l'autre le moindre objet devra se soumettre à son exigence.

Le plaisir du jeu et la satisfaction de briller par le calembour, la rime et l'allitération apparaissent dès ce premier spectacle et feront partie, plus tard, du style des *Voyages extraordinaires*. Pour l'heure, Jules Verne n'est pas dupe et sait la futilité des pièces qu'il écrit pendant dix ans pour le boulevard, il s'en amuse et l'avenir ne l'inquiète pas.

LES ROMPUES
EN UN ACTE
EN VERS
ules VERNE

En 1843, l'échec des *Burgraves*, de Hugo, a sonné le glas du drame romantique, dans lequel excelle l'acteur Frédéric Lemaître tandis que triomphe la tragédie néo-classique avec *Lucrèce* de François Ponsard.

Secrétaire au Théâtre-Lyrique

A la fin de l'année 1850, Dumas fils obtient pour son ami une place de secrétaire auprès du directeur du Théâtre-Lyrique, Jules Seveste.

Dans une petite loge sur la rue Vieille-du-Temple, Jules Verne prépare les affiches et les feuilles de service, convoque les musiciens et les artistes. Il assiste aux répétitions et veille à la fabrication des décors. Il arbitre les querelles de l'orageuse diva Marie Cabel avec ses partenaires : Mélingue, Saint-Léon et la cantatrice Larsennat.

Pour salaire, il a obtenu qu'on jouerait à nouveau l'une de ses comédies. C'est peu et c'est beaucoup. Il est dans la place, prêt à batailler pour réussir. C'est alors qu'il rencontre un homme de cinquante ans qui va éveiller en lui une curiosité nouvelle.

Décembre 1851: coup d'état de Louis-Napoléon Bonaparte. Jules écrit à son père : «Au bas de ma rue, les maisons ont été enfoncées à coups de canons! C'est une indignité; aussi la colère est-elle générale contre le président et contre l'armée qui s'est déshonorée dans cette occasion».

Premières nouvelles et mal d'écrire

L'explorateur Jacques Arago, bien qu'aveugle depuis dix ans, parcourt inlassablement le monde, attentif à toutes les inventions, toutes les découvertes. En contact étroit avec les savants, il associe progrès géographiques et progrès scientifiques, fait le lien entre l'évolution des idées, l'astronomie, la physique, la chimie. Il a voyagé en ballon, sur les premiers vapeurs, sur les premiers chemins de fer.

Jules Verne redécouvre avec lui tout ce dont il rêvait quand, à douze ans, il

"J'ai vu naître les allumettes phosphoriques [...], les omnibus, les chemins de fer, les tramways, le gaz, l'électricité, le télégraphe, le téléphone, le phonographe.**"**

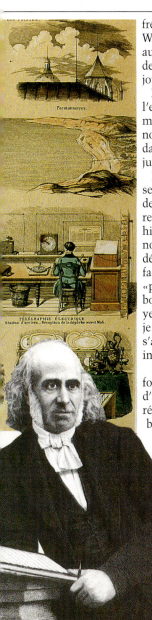

frémissait en lisant Cooper, Wyss et De Foe. Il se plonge aussitôt dans l'étude des récits de voyage que met au goût du jour *Le Musée des familles*.

Inspiré par les aventures de l'explorateur il écrit, «à la manière de Cooper», deux nouvelles qui sont publiées dans *Le Musée des familles* en juillet et août 1851.

L'accumulation des tâches – secrétaire au théâtre, écriture des pièces de boulevard, recherches scientifiques et historiques pour alimenter ses nouvelles – le surmène et déclenche une paralysie du nerf facial, mais, écrit-il à sa mère, «pourvu que je n'ouvre pas la bouche, que je ne ferme pas les yeux, que je ne renifle pas, que je ne plisse pas le front, on ne s'aperçoit de rien… Le rire m'est interdit».

Des coliques fréquentes le font vivre sous la hantise d'avoir attrapé le choléra qui se répand dans Paris. Il associe sa boulimie croissante à son appétit créateur. Pour combattre l'insomnie, il reprend l'escrime abandonnée depuis l'enfance.

Les frères Arago : Etienne fut le premier maire de Paris en 1870 à la chute du Second Empire. Jean participa à la guerre d'indépendance du Mexique où il devint général. Il inspira à Jules Verne *Les Premiers Navires de la marine mexicaine*. François contribua comme ministre de la marine, en 1848, à l'abolition de l'esclavage et découvrit avec Ampère l'aimantation du fer par un courant électrique. Jacques (à gauche), explorateur, déjà aveugle quand il fonde la Société des Argonautes et guide des pionniers sur les placers californiens de Sacramento, devient pour quelque temps le père spirituel de Jules Verne.

«Je puis faire un bon littérateur et ne serais qu'un mauvais avocat ne voyant dans toute chose que le côté comique et la forme artistique»

C'est ce qu'il écrit à son père en janvier 1851 quand, à la fin de ses études de droit, celui-ci lui propose soit de revenir vite à Nantes, soit de travailler comme clerc dans un cabinet parisien. Revenir à Nantes? «Quitter Paris, deux ans, c'est perdre toutes mes connaissances, annihiler le résultat de mes démarches, laisser l'ennemi réparer ses brèches.»

Quant à être clerc : « On ne travaille pas comme clerc huit heures par jour à Paris! Quand on est clerc, on est clerc et pas autre chose!... » Or, l'esprit de Jules est invariablement fixé sur la littérature.

La rente paternelle l'oblige à s'expliquer, à se justifier sans cesse. Les relations entre le père et le fils sont toutefois bonnes. Leur correspondance dénote un humour complice. C'est en vers que Jules demande un peu d'argent, c'est en vers que son père lui répond :
«Tes vers ont bien de l'agrément
 Mais ils seraient bien plus charmants
 S'ils ne me coûtaient soixante francs.»

Le *Musée des Familles,* créé en 1833 par Girardin, Boutmy et Cleeman sur le modèle des magazines anglais, édite les premières nouvelles de Jules, dont *Les Premiers Navires de la marine mexicaine*, histoire d'une traversée des Andes aprés une mutinerie.

PREMIÈRES NOUVELLES ET VASTES PAYSAGES

MUSEE DES FAMILLES

Lectures du Soir.

«J'étudie plus que je ne travaille, car j'aperçois des systèmes nouveaux»

Jules cherche encore et lit toujours. Les histoires fantastiques d'E.T.A. Hoffmann et les nouvelles d'Edgar Poe, à l'influence plus profonde, lui ouvrent les horizons du genre fantastique.

En 1853, dans un conte allégorique, *Maître Zacharius ou l'horloger qui avait perdu son âme*, il met en scène le ressort du temps. Maître Zacharius est un savant fou, persuadé qu'il détient la clef de l'univers. Le XIXe siècle produira souvent de tels personnages. Ils expriment l'actualité d'un affrontement entre les convictions métaphysiques traditionnelles et les spéculations nées des progrès de la connaissance humaine.

Poursuivant et poursuivi sont face à face dans la Cordillière, sur un pont de lianes : «Vois-tu la terre qui s'entrouvre pour t'embrasser?... Voilà ton cercueil!... Vois-tu l'enfer qui t'enlace déjà de ses flammes!... Voilà ton éternité!...»

Seconde nouvelle de Jules, *Un voyage en ballon* est inspiré par les ascensions de Jacques Arago, et par un fait divers réel : un aéronaute anglais, ayant surpris son passager à trancher une à une les suspentes qui relient la nacelle au ballon. Comprenant qu'il a affaire à un fou, il joue son jeu, et parvient à le maîtriser et à regagner le sol.

Jules Verne n'a rien oublié de la fascination exercée sur lui par le Docteur Faust et Maître Zacharius, lui aussi, sait jouer avec la mort. Jules rit en s'identifiant au personnage : « Je deviens un autre homme! Mon esprit est octogénaire; il a une béquille et des lunettes; je me fais vieux comme le monde, sage comme les sept de la Grèce, profond comme le puits de Grenelle, observateur comme Arago, moraliste comme les raisonneurs du vieux répertoire [...] » (lettre à son père, novembre 1852).

L'âme du poète

Héritages de son adolescence nantaise ou du romantisme déclinant, le désenchantement et les désirs inassouvis mènent traditionnellement à la résignation ou à la folie. Se résigner? Les personnages de Jules Verne ne le feront jamais! Et si l'écrivain joue dans l'œuvre avec la folie, s'il flirte dans la vie avec la bohème, son inquiétude romantique et ses

L'HORLOGER QUI AVAIT PERD

Sous la Réforme, à Genève, le savant Zacharius invente des montres parfaites. Son secret est d'avoir établi sa mécanique sur le lien entre l'âme et le corps. Le succès de Zacharius est immense, jusqu'au jour où, une à une, les horloges se dérèglent sous l'action maléfique de Pittonaccio, l'horloger du soleil. Quand Zacharius veut remonter la dernière horloge en état de marche, une devise apparaît au cadran : « Qui tentera de se faire l'égal de Dieu sera damné pour l'éternité. » Puis l'horloge éclate et le ressort s'en échappe. Pittonaccio s'en saisit et disparaît sous terre. Zacharius tombe mort.

angoisses métaphysiques ne le pousseront jamais aux dérèglements de Baudelaire ou aux exigences poétiques de Mallarmé. Pourtant il entend le bourdonnement des mouches. Ses premières réflexions sur la mort le voient déjà s'écarter de l'orthodoxie catholique, au grand dam de son père, libéral et puritain.

Avec Baudelaire et Mallarmé, il partage une admiration profonde pour l'œuvre d'Edgar Poe qui puise aux sources du fantastique et qui se consacre au rêve d'un mystérieux «ailleurs». Baudelaire a choisi de chanter «l'homme double» et Mallarmé se tourne vers l'ascèse métaphysique; Jules Verne préfère un homme qui résout sa dualité et convertit sa réflexion métaphysique en besoin d'agir. Rapidement, il va se déclarer du parti des positivistes.

«Ce sixième étage d'où mon quart de siècle contemple les merveilles du Boulevard»

Début 1853, il emménage 18, boulevard Bonne-Nouvelle, dans le quartier des théâtres, sur le même palier qu'un ami nantais de longue date, le jeune compositeur Aristide Hignard. Jules et lui n'ont qu'une redingote pour deux. Qu'à cela ne tienne! Ils se la partagent pour sortir en ville, jours pairs et jours impairs.

Jules n'a pas le sou? Il investit dans un piano! Et quand son père s'inquiète, il répond : « N'allez pas crier à la prodigalité, il me coûte vingt-cinq francs, et encore je ne donne que cinq francs tous les mois.» Son père ne dit plus rien; c'est bien lui, en effet, qui a donné à Jules enfant le goût de la musique. Jules, comme le capitaine Nemo, passe de longues heures à son piano.

En avril 1853, *Colin-Maillard*, comédie lyrique et marivaudage en un acte sur une musique de Hignard, est représenté au Théâtre-Lyrique. Mais Hignard n'est

Ernst Theodor Amadeus Hoffmann (1776-1822), écrivain et compositeur allemand (ci-dessus un autoportrait), maître dans l'art d'insinuer les figures les plus fantastiques dans la vie réelle, influence par son œuvre toute la littérature fantastique du XIXe siècle. Avec Edgar Poe (1809-1849), «l'ange» qui donne «un sens plus pur aux mots de la tribu»(Mallarmé), il marque particulièrement Jules Verne, à la recherche d'une reflexion sur le temps et la mort.

pas Offenbach et il n'advient pas à Jules Verne ce qu'il adviendra à Meilhac et Halévy.

Boulevard Bonne-Nouvelle, Jules, facétieux, anime un groupe d'amis, les «Onze-sans-femmes», onze célibataires avec lesquels il organise des dîners musicaux, suivis de parties de cartes se terminant à l'aube. Autour de lui, le peintre Bazille, le musicien Talexy, les compositeurs Aristide Hignard, Léo Delibes, Victor Massé...

"Enfin, je suis déménagé; 18, bd Bonne-Nouvelle; 120 marches et une vue de vraie pyramide d'Egypte; c'est de là que mon quart de siècle contemple les merveilles du Boulevard."

Marivaudage côté cour et côté jardin

En janvier 1854, le jeune homme paraît à Nantes au bal masqué du président Janvier de la Motte, en costume d'«Incoyable». Il se distingue par son humour bohème, turbulent, parisien, se penche sur une jeune fille en peine avec les baleines de son corsage, et, devant la mère, s'exclame : « Ah! Que ne puis-je pêcher la baleine sur vos côtes! » S'il séduit la fille, la mère, elle, rit jaune puis écarte l'effronté.

Pour Jules, c'en est trop! Il revient à Paris plus excédé encore contre sa ville natale qui refuse de l'admettre comme il est, c'est-à-dire artiste.

Il écrit à sa mère : «J'épouse la femme que tu me trouveras. J'épouse les yeux fermés, et la bourse ouverte [...].» Il supplie : «Trouvez-moi une femme

LE CLUB DES «ONZE-SANS-FEMMES»

bossue et qui ait des rentes et tu verras! [...] Une jeune fille riche qui aurait fait une faute.» Et pour peu que sa mère le prenne au sérieux, il rétorque: «Mademoiselle Héloïse, au tempérament chargé jusqu'à la gueule, à laquelle je ne voudrais pas mettre le feu. [...] Me marier avec une créole, mais c'est unir le Vésuve et l'Etna! Merci! Que de Pompéi et d'Herculanum nous engloutirions, sans compter les quinze mille bons de rente!»

En fait, Jules, imprégné de sentiments romantiques, désespère, derrière le masque du jeu, de trouver un parti. Il s'y acharne et fuit, s'en inquiète et s'en éloigne, aimerait plutôt qu'il n'aime.

«Plus de vierges! Non, plus de vierges!»

Un à un, Jules a vu se marier les «Onze-sans-femmes». L'un après l'autre, il a vu passer leur «cortège funèbre», il a assisté «singulièrement ému, c'est-à-dire pris d'un fou rire qui dure encore» à leurs «obsèques», et pourtant...

Romantique, dandy, l'esprit bohème et bon vivant, aimant rire et blaguer comme il a appris à le faire dans la société de Dumas père et fils, Jules vit sur le boulevard et ses cafés, entre le théâtre et ses amis compositeurs.

34 L'ENFANT DE LA LOIRE

En 1856, au mariage de son ami Lelarge à Amiens, Jules rencontre une ravissante veuve de son âge, sœur de la mariée. Honorine Deviane est une provinciale sémillante qui rappelle pour beaucoup le caractère de la cousine Caroline. L'humeur primesautière, la réplique inattendue ont tout pour séduire ce faiseur de calembours de vingt-huit ans. Honorine en a vingt-six et aussi deux petites filles, Valentine et Suzanne.

Comment faire cette fois pour ne pas être rejeté par la bourgeoise famille de la belle Amiénoise? C'est le frère d'Honorine qui met Jules sur la voie. Il est agent de change; une situation à faire pétiller de convoitise les yeux d'un jeune bohème devenu soudain très sage.

Pour obtenir un quart de part d'une charge et devenir agent de change, Jules a besoin de cinquante mille francs.

Il attaque sur deux fronts. D'abord il séduit sa mère et la persuade que son revirement à l'égard du mariage est durable. Ensuite, bien qu'il ait catégoriquement refusé de prendre la succession de son père, il avoue ne pas pouvoir compter uniquement sur son travail littéraire : « J'arriverai forcément, car jamais je ne cesserai de travailler à ces œuvres qui me séduisent d'autant plus qu'elles deviennent sérieuses. Mais il me faut une

Après Guizot et le célèbre «Enrichissez-vous», Napoléon III veut favoriser la finance et voit à son tour les affaires en grand. La bourse se développe au point d'attirer une partie du monde littéraire. Jules Verne sera du nombre. Il gardera de ces années un regard caustique sur la finance, sur les hommes d'affaires et sur les intermédiaires. Il opposera à leur affairisme la grandeur mythique de milliardaires qui consacrent leur fortune à réaliser leur idéal sans aucun souci de la ruine.

Jules Verne se marie le 10 janvier 1857 à Paris et s'installe avec Honorine 8, boulevard Poissonnière. La jeune femme veut rapidement conquérir la capitale. Femme d'un homme de théâtre, n'est-ce pas l'idéal pour cela? Mais rien, pas même la naissance de leur fils, Michel, le 3 août 1861, ne saurait détourner Jules d'un but, maintenant avoué : devenir l'auteur d'une œuvre romanesque.

position, et une position offrable, même aux gens qui n'admettent pas les gens de lettres [...]. A aucun prix je n'accepterais d'avoir atteint l'âge de plusieurs de mes amis, et d'être à courir comme eux après une pièce de cent sols.»

Pierre Verne hésite. Mettre cinquante mille francs sur ce garçon à l'esprit fantasque? C'est un choix bien hasardeux, pourtant il accepte. En secret, le père est plutôt fier des premiers résultats littéraires de son fils. Il prend le risque à son tour de lui porter secours.

Le groupe de la Colonnade et l'adieu aux «Onze-sans-femmes»

Jules Verne achète donc sa part d'agent de change chez Egly, promettant à son père de faire fructifier la mise. A la Bourse, on le trouve du côté droit de la colonnade, où s'est formé un groupe d'amateurs de théâtre et de gens de lettres. On y voit Dumas fils et parfois Dumas père, Hector Malot, Charles Wallut, rédacteur en chef du *Musée des familles*, Duquesnel et de Cardaillac, directeurs de théâtre... et un curé du nom de l'abbé Casse qui fait bien rire tout le monde par son franc-parler. Heureusement! car le monde de la finance est loin d'offrir à Jules l'attrait des spéculations littéraires.

Jacques Offenbach (1819-1880) reflète fidèlement dans sa musique l'esprit parisien à la mode sous le Second Empire : gaieté parodique, mais aussi pastiche moqueur, hérité de la décennie précédente, quand Hetzel publiait *Scènes de la vie publique et privée des animaux*, illustré par Grandville.

La découverte de la terre, la reconnaissance des autres peuples, le rôle de la science, l'instruction pour tous, l'éducation morale des enfants sont les valeurs de la République future. Jules Verne entreprend d'immortaliser cette marche du progrès en révélant des mythes nouveaux. A trente-deux ans, il est marié et père d'un garçon. Sept pièces représentées, cinq nouvelles publiées. Il se marie une seconde fois, avec un éditeur, Pierre-Jules Hetzel, qui lance «le roman de la science».

CHAPITRE II
LES VOYAGES EXTRAORDINAIRES

" Joie est mon caractère,
C'est la faute à Voltaire,
Misère est mon trousseau,
C'est la faute à Rousseau [...].

Ce n'était pas un enfant, ce n'était pas un homme; c'était un étrange gamin-fée [Gavroche]. "
V. Hugo, *Les Misérables*, 1862

LES VOYAGES EXTRAORDINAIRES

Promenade De Dieppe Aux Montagnes d'Ecosse, Par Charles Nodier.

En juin 1861, Aristide Hignard se procure deux places à prix réduit sur un bateau qui part de Bordeaux pour l'Angleterre. Jules Verne et Hignard embarquent, tandis qu'Honorine rejoint sa famille à Amiens.

«Le navire semblait guidé par une main surnaturelle»

Le romancier emplit ses carnets d'impressions sur les marins, les manœuvres, sur le personnage du capitaine dont la responsabilité déjà le fascine. Il découvre l'âme d'un navire, sa solitude confrontée au jeu des éléments. En Ecosse, les paysages de brume et la profondeur des grottes de Fingal lui rappellent Walter Scott.

Un second voyage avec Hignard l'entraîne en mer du Nord, sur la côte hollandaise et au Danemark. Jules sait déjà le parti qu'il peut tirer de ces escapades: «Nous voyageons pour voir des effets [...]. C'est maintenant, au retour [dit-il des deux personnages], que leur excursion sérieuse commencera, car l'imagination sera désormais leur guide et ils voyageront dans leurs souvenirs.»

Des notes de son voyage en Ecosse (ci-dessus, la grotte de Fingal), Jules Verne tirera un roman, vingt ans plus tard, *Les Indes noires*. Au fond des mines souterraines d'Ecosse se noue une histoire d'amour dans un climat de légende. Verne aurait voulu développer l'univers d'une Angleterre souterraine et secrète. Hetzel le dissuade d'un tel projet. L'idée sera reprise par H. G. Wells dans *La Machine à explorer le temps*.

Le voyage en l'air

A partir de 1860, Jules Verne met la clef des salons sous la porte. A la bourse, il se fait de plus en plus rare. Il s'enferme pour écrire son premier roman. Honorine s'inquiète : «Que de papiers! Que de papiers! Pourvu qu'ils ne finissent pas tous sous la marmite!» Mais Jules est parti... en ballon, porté par son imagination. Alexandre Dumas est là qui l'encourage. A la lecture du premier manuscrit, il voit se concrétiser ce qu'il prophétise depuis longtemps : l'apparition du roman de la science.

Il provoque la rencontre du jeune écrivain avec un éditeur revenu d'exil en 1859 après les lois d'amnistie : Pierre-Jules Hetzel, ancien chef de cabinet du gouvernement Lamartine, proscrit par Napoléon III. Jules Verne lui propose son manuscrit, *Un voyage dans les airs*.

Victor Hugo écrit à l'éditeur Hetzel, qui est aussi l'écrivain Stahl : «Vous êtes mon ami avant d'être mon libraire, vous êtes mon confrère aussi, pardieu! Poète de la tête aux pieds... Ce qui ne vous empêche pas d'être homme d'affaires, très positif et très poli et je vous aime et je vous apprécie à tous ces points de vue-là.»

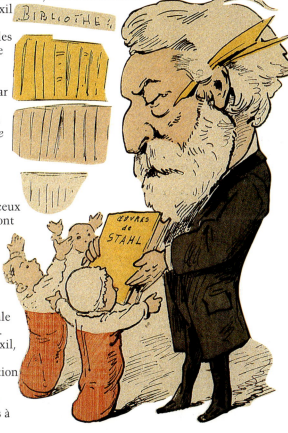

La littérature pour les mioches

Hetzel, comme tous ceux qui, avec lui, défendront un enseignement laïque, gratuit et obligatoire, est convaincu que la victoire républicaine passera par la définition d'une morale destinée à la jeunesse. Depuis son retour d'exil, il multiplie les publications en direction d'une audience familiale. Pour lui, la morale ne s'arrête pas à l'enseignement de préceptes comme ceux donnés dans les «compositions nigaudes» de la comtesse de Ségur. Il ne veut pas faire un enfant-roi, mais préparer un citoyen libre. Pour cela, l'enfant doit recevoir les informations nécessaires à une solide connaissance du monde moderne, dans les domaines scientifiques et historiques.

En 1863, la littérature pour la jeunesse est encore aux mains de l'Eglise; son principal représentant est l'éditeur Mame, à Tours. Hetzel bouillonne, s'enrage, fustige «ces plumes mercenaires qui font métier d'écrire à la douzaine ces livres sans goût ni parfum, ces livres plats et sans relief, ces livres bêtes» que l'édition religieuse réserve aux enfants.

«Cinq Semaines en ballon»

Le manuscrit de ce jeune Verne qu'Hetzel tient entre les mains est une histoire mal ficelée, dans un style incertain qui oscille entre le ton du boulevard et les envolées lyriques de Victor Hugo. Mais il y a, dans cette histoire de ballon qui survole l'Afrique, quelque chose de nouveau qui touche

Jules Verne préconise la mobilité dans le mouvement et n'imagine un homme que voyageur. Dès *Cinq Semaines en ballon*, ses protagonistes sont britanniques. Les Anglais, bien plus que les Français, ont déjà découvert les grands voyages, à la suite des grandes explorations. Jules Verne aime chez eux le peuple maritime, les navigateurs, le tempérament flegmatique, et surtout les clubs, point de départ de nombreux romans. Il n'aime pas leur égoïsme ni leur cruauté dans les colonies, contre laquelle il s'élèvera dans le roman *Famille sans nom*.

autant le style que la forme. C'est une sorte d'acharnement à vouloir être juste pour tout ce qui concerne la géographie et les techniques de l'aérostation; c'est une volonté manifeste de faire connaître exactement l'histoire des explorations et celle des découvertes scientifiques.

Hetzel ne cache ni son enthousiasme ni ses critiques. A la demande de l'éditeur, Jules Verne corrige et recorrige «le ballon». Acharné, méthodique, il rédige d'un seul jet, rapidement, au crayon, puis corrige et repasse à l'encre. Il envoie un premier texte à son éditeur qui annote et rature. Jules Verne recommence, accepte les critiques, se plie aux exigences.

Ce premier roman convient enfin à Hetzel qui l'édite aussitôt. *Cinq Semaines en ballon* est un succès immédiat. Charles Wallut écrit dans *Le Musée des familles* : « C'est de l'Edgar Poe avec la gaieté en plus et l'hallucination en moins».

L'Afrique vue d'en haut

Jules Verne a mis dans ce premier «voyage dans les mondes connus et inconnus» tout ce qui fera dorénavant son succès. L'humour et l'exaltation tissent le portrait du savant Samuel Fergusson, «possédé du démon des découvertes» et croqué à l'image de Jacques Arago qui «trouvait le temps mieux employé à chercher qu'à discuter, à découvrir qu'à discourir». Le climat est installé dès les premières pages pour capter l'attention du lecteur. C'est un mystère, une énigme. Des paris s'engagent «sur l'existence réelle ou supposée du docteur Fergusson [...] sur

Pierre-Jules Hetzel (1814-1886, ci-dessous), né d'un père alsacien et d'une mère beauceronne, disait : «Je suis né entre deux cathédrales.» De 1852 à 1859, il publie à Bruxelles les écrits d'Hugo en exil (*Napoléon le Petit* et *Les Contemplations*). A son retour en France, il se spécialise dans l'édition pour les familles et crée avec Jean Macé *Le Magasin d'éducation et de récréation*, bi-mensuel de trente-deux pages, illustré, qui fait paraître en feuilleton les grands romans et les ouvrages de vulgarisation scientifique. Quarante des soixante-deux *Voyages extraordinaires* de Jules Verne paraîtront dans *Le Magasin* entre 1865 et 1912.

le voyage lui-même [...] sur la question de savoir s'il réussirait où s'il ne réussirait pas [...].
Ainsi donc, croyants, incrédules, ignorants et savants, tous eurent les yeux fixés sur le docteur ; il devint le lion du jour sans se douter qu'il portât une crinière. »

Comme souvent par la suite, l'un des compagnons du docteur est un sceptique, l'autre un candide. Le dialogue est fait de leur incessante curiosité. Ainsi alternent sans relâche, la documentation historique et scientifique, l'action et l'aventure, le lyrisme inspiré par les paysages et la nature : « Le vent se déchaînait avec une violence effrayante dans cette atmosphère embrasée ; il tordait les nuages incandescents ; on eut dit le souffle d'un ventilateur immense. Le docteur Fergusson maintenait son chalumeau à pleine chaleur ; le ballon se dilatait et montait ; à genoux au centre de la nacelle, Kenedy retenait les rideaux de la tente. Le ballon tourbillonnait à donner le vertige, et les voyageurs subissaient d'inquiétantes oscillations. Il se faisait de grandes cavités dans l'enveloppe de l'aérostat ; le vent s'y engouffrait avec violence, et le taffetas détonait sous la pression. Une sorte de grêle, précédée d'un bruit tumultueux, sillonnait l'atmosphère et crépitait sur le *Victoria*. Celui-ci cependant continuait sa marche ascensionnelle ; les éclairs dessinaient des tangentes enflammées à sa circonférence ; il était en plein feu. »

Sens de l'action, puissance des éléments, énergie de l'homme, utilisation des sons, des couleurs,

❝ Voyez-vous, mes amis, quand on a goûté de ce genre de locomotion, on ne peut plus s'en passer ; aussi, à notre prochaine expédition, au lieu d'aller de côté, nous irons droit devant nous, en montant toujours. ❞
Cinq Semaines en ballon

des effets, vocabulaire précis, captent le lecteur et répondent aux sentiments que veut transmettre son éditeur.

«Je me tiendrai toujours et le plus possible dans le géographique et le scientifique»

Cela ne va pas sans quelques idées reçues et quelques généralisations hâtives. Elles sont au demeurant bien utiles aux entreprises coloniales de l'époque. Jules Verne partage à la fois les valeurs de l'humanisme républicain et, comme la plupart de ses contemporains, une vision des Noirs qui n'a pas disparu avec l'abolition de l'esclavage. Les Noirs sont en effet de bons sauvages, de bons serviteurs aussi, comme le seront parfois les femmes; des naïfs ou des bêtes vociférantes et meurtrières guidées par des croyances primitives; ou même, tous en bloc, «imitateurs comme des singes». Mais ces Nègres ne sont plus tout à fait des sous-hommes et bientôt, comme les occidentaux, les indigènes de tous les continents pourront eux aussi, par leur connaissance de la nature notamment, forcer l'admiration dans *Les Voyages extraordinaires*.

Morale, pédagogie et imagination

Pour providentielle qu'elle puisse être, la rencontre de Jules Verne et de Pierre-Jules Hetzel va imposer à l'écrivain un rythme de travail et un style aux contours strictement définis. Le premier janvier 1864, Jules Verne signe avec Hetzel un contrat par lequel «M. Verne s'oblige à livrer à M. Hetzel un minimum de deux volumes par an». Très bientôt cela va aller plus loin. Hetzel s'est

Nadar (Félix Tournachon), surtout connu pour son œuvre photographique, fonda la «Société d'encouragement pour la locomotion aérienne au moyen d'appareils plus lourds que l'air», dont Jules Verne fut censeur. Pour démontrer les limites de l'aérostation, il construisit un ballon gigantesque, «le géant», avec lequel il se cassa la figure. Personnage haut en couleurs, Jules Verne le prit pour modèle de Michel Ardan, l'un des trois cosmonautes de ses voyages lunaires. Ardan : anagramme de Nadar.

associé avec un universitaire qui fait beaucoup parler de lui, un militant farouche de la cause laïque et de l'enseignement obligatoire : Jean Macé.

En avril 1863, les deux hommes ont fondé *Le Magasin d'éducation et de récréation*, périodique dans lequel «il s'agit, écrit Hetzel dans sa présentation du premier numéro, de constituer un enseignement de famille dans le vrai sens du mot, un enseignement sérieux et attrayant à la fois, qui plaise aux parents et profite aux enfants». Jules Verne, par son imagination et son esprit romanesque peut apporter à la revue ce qui manque à Hetzel, moraliste austère, et à Jean Macé, pédagogue militant. Il arrive providentiellement pour compléter l'équipe du *Magasin*, dont il devient rapidement codirecteur artistique.

Les dernières années parisiennes

Jules et Honorine déménagent à Auteuil. L'écrivain a plusieurs projets, plusieurs manuscrits en cours et continue d'accumuler des notes scientifiques qu'il classe en milliers de fiches. Il revoit ses amis, organise des dîners, plutôt paillards que mondains, et délaisse le théâtre. Honorine aimerait mieux le voir utiliser son esprit pour figurer dans le monde. Mais Jules n'aime pas briller, il évite ce qui ne lui

Jean Macé (à gauche) fonde en 1866 la Ligue de l'enseignement : «Mon but n'a jamais été autre que l'éducation du suffrage universel.» Infatigable militant de l'instruction publique, il s'indignait : «Si je vous disais qu'en Bretagne a existé une contre-ligue de l'enseignement, formée de propriétaires qui s'engageaient à ne faire travailler que des gens ne sachant ni lire ni écrire…»

appartient pas et cherche des amitiés qui le détendent ou l'inspirent. Pour le reste, son travail d'écriture et l'excitation que lui procure la toute nouvelle relation avec son éditeur lui suffisent.

Le chien de Jules Verne s'appelle Follet. Dans ses romans, les chiens s'appelleront Wagram et Marengo, Diane et Satellite, Top, Dingo, Serko... Duk, le «dog-captain» du capitaine Hatteras est reconnu par les matelots comme seul maître à bord.

Le petit Michel a deux ans. L'appartement, exigu, n'offre pas toujours l'isolement nécessaire. Jules est lancé dans le prochain roman. Tout l'irrite, rien ne doit le distraire de son travail, surtout pas les pleurs d'un enfant.

La folle entreprise du capitaine Hatteras

Le 26 juin 1863 Jules Verne écrit à Hetzel: «Je viens de donner un coup de collier digne d'un percheron croisé d'un normand [...]. Je suis en plein dans mon sujet par 80° de latitude et 40° centigrades au-dessous de zéro. Je m'enrhume rien qu'en écrivant.» Le *Forward* (en anglais «en avant») est mené par un capitaine invisible. Près de l'homme de barre, on ne voit qu'un grand chien, immobile, le regard porté sur l'horizon. Les instructions du commandant sont données par de mystérieux billets. Le navire s'enfonce dans les glaces du Pôle.

Le but est enfin avoué, le capitaine Hatteras apparaît: il s'agit d'être le premier à atteindre le pôle Nord! Maladie, froid, famine, mort, misère, solitude, rien n'entame la volonté du capitaine Hatteras. Abandonné par son équipage, il est bientôt seul sur la banquise avec son

LE CHOC DE LA GLACE ET DU VOLCAN

curieux compagnon, le docteur Clawbony, ainsi qu'un charpentier et un maître d'équipage restés fidèles, et son chien, Duk. Plutôt la mort que revenir en arrière. Plutôt la folie qu'abandonner le but.

Au terme d'une odyssée de quatorze mois, après avoir surmonté l'insurmontable, un homme a conquis le pôle Nord. Au bord du gouffre, en conclusion d'une entreprise déraisonnable, Hatteras perd la raison.

Jules Verne a fait du nord magnétique un volcan en activité d'où s'enfonce l'axe de la terre. Dès son deuxième livre, il a atteint les visions qui hissent l'homme au niveau des mythes. Hatteras en paie le prix. Après avoir surmonté le froid polaire, après avoir échappé au feu du volcan, il finit dans un asile de Londres.

Du centre de la terre jusqu'à la lune

Et puisque Jules Verne est là, en train d'osciller au bord du cratère, après en avoir éloigné Hatteras, il entreprend d'y descendre. Il recompose une nouvelle équipe de trois personnes : le savant, le sceptique et le candide. «L'enfer n'existe pas, je n'ai vu que des roches, de la matière et des rêves», pourrait proclamer, à son retour, Axel, le jeune élève du professeur Liddenbrock, entraîné avec lui au cœur du globe terrestre.

En trois romans, le savant dans l'œuvre de Jules Verne s'impose comme un observateur lucide et amusé des phénomènes naturels les plus extraordinaires. Plongé au centre de la terre, il accepte avec philosophie cette genèse fantastique du monde dont témoigne le domaine d'Héphaïstos, maître du feu et des métaux.

Du feu, des métaux et de la poudre, il va en falloir beaucoup pour réaliser l'un des rêves millénaires de

❝Hatteras agitait son pavillon [...] et le fond rouge de l'étamine se développait en longs plis au souffle du cratère.❞

Les Aventures du capitaine Hatteras

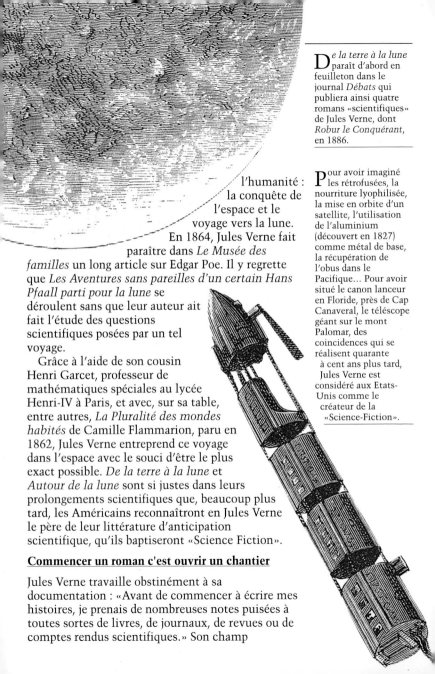

De la terre à la lune paraît d'abord en feuilleton dans le journal *Débats* qui publiera ainsi quatre romans «scientifiques» de Jules Verne, dont *Robur le Conquérant*, en 1886.

l'humanité : la conquête de l'espace et le voyage vers la lune.

En 1864, Jules Verne fait paraître dans *Le Musée des familles* un long article sur Edgar Poe. Il y regrette que *Les Aventures sans pareilles d'un certain Hans Pfaall* parti pour la lune se déroulent sans que leur auteur ait fait l'étude des questions scientifiques posées par un tel voyage.

Grâce à l'aide de son cousin Henri Garcet, professeur de mathématiques spéciales au lycée Henri-IV à Paris, et avec, sur sa table, entre autres, *La Pluralité des mondes habités* de Camille Flammarion, paru en 1862, Jules Verne entreprend ce voyage dans l'espace avec le souci d'être le plus exact possible. *De la terre à la lune* et *Autour de la lune* sont si justes dans leurs prolongements scientifiques que, beaucoup plus tard, les Américains reconnaîtront en Jules Verne le père de leur littérature d'anticipation scientifique, qu'ils baptiseront «Science Fiction».

Pour avoir imaginé les rétrofusées, la nourriture lyophilisée, la mise en orbite d'un satellite, l'utilisation de l'aluminium (découvert en 1827) comme métal de base, la récupération de l'obus dans le Pacifique... Pour avoir situé le canon lanceur en Floride, près de Cap Canaveral, le téléscope géant sur le mont Palomar, des coincidences qui se réalisent quarante à cent ans plus tard, Jules Verne est considéré aux Etats-Unis comme le créateur de la «Science-Fiction».

Commencer un roman c'est ouvrir un chantier

Jules Verne travaille obstinément à sa documentation : «Avant de commencer à écrire mes histoires, je prenais de nombreuses notes puisées à toutes sortes de livres, de journaux, de revues ou de comptes rendus scientifiques.» Son champ

Avant Jules Verne, les quelques récits de voyage dans la lune sont de pures œuvres d'imagination et non le prolongement de connaissances scientifiques et techniques. Après lui, H. G. Wells, dans

d'investigation est fait de toutes les découvertes de son époque. Son action est de leur donner un prolongement futur.

DE LA TERRE A LA LUNE

TRAJET DIRECT EN 97 HEURES 20 MINUTES

PAR

JULES VERNE

41 DESSINS ET UNE CARTE PAR DE MONTAUT

Son inspiration est comme un tableau, peint en couches successives. Il corrige jusqu'à sept épreuves consécutives, supprime certains chapitres, change le nom des personnages. Il jongle avec le temps, le hasard et les certitudes. Il invente un nouvel imaginaire, se figure le destin de l'homme en aventures de voyages, conçoit un univers où les éléments naturels jouent le rôle de la pérennité, du hasard et de la providence. L'homme, boulimique de son monde, quadrille la terre et cartographie sa planète avec une précision toujours plus scientifique.

Toutes les sciences et toutes les techniques vont se tourner vers la découverte. Du plus simple rateau réinventé par Cyrus Smith, à l'explosion de dimension atomique que doit provoquer le «Gun-Club» pour déplacer l'axe de la terre, la science de Jules Verne est un outil. Mais, à l'image de la nature qui alternativement pourvoit fortune et infortune, la science peut menacer l'homme de calamités. D'autant que l'équilibre général est lié à l'équilibre individuel et que celui-ci dépend des situations sociales, de la place de l'homme dans la cité, de sa relation aux autres, autant de facteurs difficiles à maîtriser.

Les Premiers Hommes sur la lune, imagine de drôles de Sélénites (à gauche).

Camille Flammarion (ci-desssous), astronome français (1842-1925), auteur d'un important travail sur la rotation des corps célestes, s'est surtout fait connaître par son *Astronomie populaire* destinée au grand public.

«La bête de Somme»

Jules Verne abandonne pour quelque temps la rédaction de ses romans. Il se partage entre Paris

L'euphorie de l'espace

La carte de la lune offre à Jules Verne un rebondissement d'images allégoriques.

« C'est la mer de la Sérénité au-dessus de laquelle se penche la jeune fille et le lac des Songes qui lui reflète un brillant avenir! C'est la mer du Nectar, avec ses flots de tendresse et ses brises d'amour! C'est la mer de la Fécondité, c'est la mer des Crises, puis la mer des Vapeurs, dont les dimensions sont peut-être trop restreintes, et enfin cette vaste mer de la Tranquillité où se sont absorbées toutes les fausses passions, tous les rêves inutiles, tous les desseins inassouvis, et dont les flots se déversent paisiblement dans le lac de la Mort. »

Autour de la Lune

et Le Crotoy, en baie de Somme, où, à partir de 1865, il loue une maison. «Je travaille comme un forçat. Imagine-toi que je fais un dictionnaire! Oui un dictionnaire sérieux; c'est une géographie de la France illustrée!» écrit-il à son père. Honorine lui copie des dizaines de pages et participe à son travail.

En avril 1868, aussitôt la géographie terminée, il propose à Hetzel de rédiger en huit volumes «Une Histoire des Grands Voyages et des Grands Voyageurs [...] qui mettra en lumière ce qu'ont été tous les grands voyageurs, depuis Hannon et Hérodote jusqu'à Livingstone et Stanley». Avec l'aide du géographe Gabriel Marcel, méthodiquement, Jules Verne, en n'empruntant «qu'à des documents absolument originaux», rassemble dans cet ouvrage une grande partie de ses sources. Il fait ses recherches à Paris, à la Bibliothèque nationale et à l'Institut de géographie dont il est membre. Au Crotoy, il rédige et donne à ses écrits leur forme définitive.

L'entreprise va durer dix ans, de 1868 à 1878. L'ouvrage devient un dictionnaire dans lequel de multiples récits décrivent avec passion l'évolution

> « J'ai eu la chance d'entrer dans le monde à un moment où il existait des dictionnaires sur tous les sujets possibles. »
> *McClure's Magazine*, Janvier 1894

des techniques de transport maritime et terrestre. Il fait le portrait des explorateurs, détaille leurs travaux, montre l'évolution des connaissances sur les peuples et sur leurs coutumes.

Parallèlement au roman de la science, qui concerne pour l'essentiel les dix premiers livres des *Voyages extraordinaires* (1863-1873), Jules Verne a entrepris le roman géographique, dont il vient de reconstituer les fondements historiques.

«J'aime tant l'Amérique et les Américains»

Il travaille comme un forcené, mais trouve le temps de partir pour l'Amérique. Une occasion unique : en mars 1867, son frère Paul obtient un aller-retour à bord du plus grand bateau de l'époque, le *Great Eastern*.

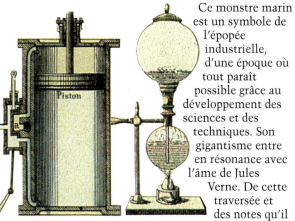

Ce monstre marin est un symbole de l'épopée industrielle, d'une époque où tout paraît possible grâce au développement des sciences et des techniques. Son gigantisme entre en résonance avec l'âme de Jules Verne. De cette traversée et des notes qu'il prend, il tirera plus tard deux romans, *Une ville flottante* et *L'Ile à hélice*.

Bien qu'ils aient peu de temps, Jules et Paul Verne visitent New York et les chutes du Niagara. Ce contact, bref et unique dans sa vie, avec les Etats de l'Union stimule l'admiration de Jules Verne pour

Dans sa chambre, ou dans le pavillon du jardin, sur le port du Crotoy (ci-dessus), parallèlement à son travail encyclopédique, Jules Verne continue d'accumuler des notes sur les inventions de son époque. Il confiera plus tard au *McClure's Magazine* de Boston qu'il pouvait «regarder les machines fonctionner, debout pendant des heures. Ce goût m'est resté toute la vie et, aujourd'hui, j'ai toujours autant de plaisir à regarder une machine à vapeur ou une belle locomotive en marche qu'à contempler un tableau de Raphaël ou de Corrège.»

le nouveau continent, qui devient désormais pour lui celui des espoirs de l'humanité en marche vers un monde meilleur.

«Si l'avenir ne peut m'inquiéter, le présent est dur quelquefois»

Après avoir passé plusieurs saisons d'été au Crotoy, Jules Verne s'y installe en 1869 avec Honorine. Il trouve en province un espace et un confort que ses moyens ne lui permettent pas à Paris : «Ici la vie est facile, large même; et mon monde paraît heureux. Pouvais-je hésiter?» Il trouve le calme et redouble d'ardeur, mais surtout, il est maintenant en contact direct avec la mer.

Et puis, Honorine s'est rapprochée d'Amiens. Elle y retrouve sa famille et accepte plus facilement d'avoir dû quitter la capitale. Ses filles, Valentine et Suzanne, qui ont respectivement dix-sept et quinze ans, préfèrent retrouver leur pensionnat. Le petit Michel, âgé de huit ans et devenu «la terreur du Crotoy», est mis en internat à Abbeville.

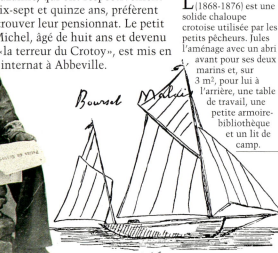

Le *Saint-Michel I* (1868-1876) est une solide chaloupe crotoise utilisée par les petits pêcheurs. Jules l'aménage avec un abri avant pour ses deux marins et, sur 3 m², pour lui à l'arrière, une table de travail, une petite armoire-bibliothèque et un lit de camp.

Jules Verne se familiarise avec les pêcheurs. Il achète le premier de ses trois bateaux, le *Saint-Michel I* et croise en compagnie de ses deux marins, Fred (Alfred) et Sandre (Alexandre), le long des côtes françaises et anglaises de la Manche et de l'Atlantique. En mer, il trouve une inspiration nouvelle. Dorénavant, et pour vingt ans, c'est lui le capitaine.

La liberté, la musique et la mer

Mobilis in mobile, «Mobile dans l'élément mobile». Jules Verne met, avec le *Nautilus*, le cap sur nulle part. Point de but autre que celui de sillonner les fonds sous-marins. Point d'objectif, mais une certitude : le capitaine de cette machine révolutionnaire n'est pas n'importe qui. Ingénieur de génie, il a maîtrisé la puissance électrique jusqu'à la rendre aussi inépuisable que la pile atomique des futurs sous-marins nucléaires. Milliardaire en exil de l'humanité, il garde secrète l'origine de son cœur

Le *GreatEastern*, le plus grand paquebot transatlantique de l'époque, est propulsé par sept mâts et douze voiles, deux roues à aubes de 20 m de diamètre et une hélice de 4 m de rayon mues par dix machines à vapeurs. Il a occasionné la ruine de plusieurs propriétaires et provoqué plusieurs suicides. Avant d'être paquebot, il a servi à poser la ligne télégraphique sous-marine reliant l'Amérique à l'Europe.

20,000 LIEUES SOUS LES MERS

brisé, il est «Personne», c'est-à-dire Nemo !

Un fou encore ? Un mégalomane ? Mais que fait-il au fond de l'eau ? Il observe un monde inconnu, occupant les deux tiers de la planète, qu'il s'est appropriée, sans léser personne. Cet homme, fait d'intelligence et de sensibilité («nulle part, je n'en ai fait un homme qui tue pour tuer. C'est une nature généreuse», explique Jules Verne à Hetzel), traite ses prisonniers avec obligeance et courtoisie. Il est pourtant capable, comme Jupiter, de brandir la foudre et comme Neptune, de couler un vaisseau. Pourquoi ? Pour se défendre d'abord, ensuite pour défendre une cause. Sa devise est «indépendance» et son drapeau est noir.

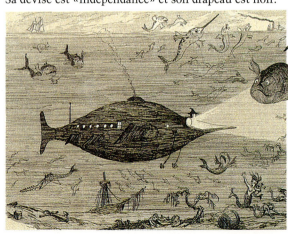

“ Les Parisiens viennent d'assister, des quais qui bordent les Tuileries, à des expériences dont le compte rendu intéressera nos lecteurs. L'appareil combiné par le docteur Payerne (ci-dessus) est l'application sur une large échelle de la loi physique de Mariotte […]. Le bateau sous-marin est construit en tôle de 7 mm d'épaisseur, maintenue par des rivets rabattus à chaud. ”

L'Illustration, 1846

Pourquoi cet anarchiste exerce-t-il sur Jules Verne une telle fascination? A propos de Nemo, Jules écrit à son éditeur: «Le lecteur supposera ce qu'il voudra selon son tempérament»; et

La mode des essais sous-marins n'a cessé de se développer pendant la seconde moitié du XIXe siècle.

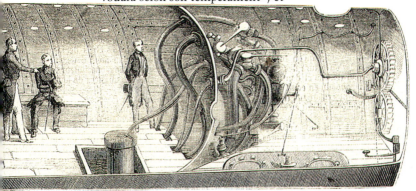

quand disparaît le *Nautilus* à la fin du roman, le mystère reste entier. La réponse sera donnée trois ans plus tard dans *L'Ile mystérieuse*. Nemo est seul dans le *Nautilus*, immobilisé pour toujours par l'éruption d'un volcan, enchaîné comme Prométhée, pour avoir conquis au nom des hommes son indépendance et la maîtrise de l'univers sous-marin.

«Il ne vient pas ce mot du cœur»

Jules avoue à plusieurs reprises dans ses lettres à Hetzel sa difficulté à parler d'amour. Mais de ce défaut ne fait-il pas vertu? Il crée des personnages héroïques, que leurs passions tendent à émanciper de toutes les contingences. Le cœur qui exulte n'a-t-il pas d'autres déchirements que ceux des errements psychologiques?

Il se plaint à Hetzel que sa femme ne répond plus, «comme un navire sans gouvernail». De son coté, Honorine

LES VOYAGES EXTRAORDINAIRES

« LA MER : L'IMMENSE DÉSERT OÙ L'HOMME N'EST JAMAIS SEUL » 61

❝ En effet, là, sous mes yeux, ruinée, abîmée, jetée bas, apparaissait une ville détruite, ses toits effondrés, ses temples abattus, ses arcs disloqués, ses colonnes gisant à terre [...]; plus loin encore, de longues lignes de murailles écroulées, de larges rues désertes, toute une Pompéi enfouie sous les eaux, que le capitaine Nemo ressuscitait à mes regards! Où étais-je? Où étais-je? Je voulais le savoir à tout prix, je voulais parler, je voulais arracher la sphère de cuivre qui emprisonnait ma tête. Mais le capitaine Nemo vint à moi et m'arrêta d'un geste. Puis, ramassant un morceau de pierre crayeuse, il s'avança vers un roc de basalte noir et traça ce seul mot : ATLANTIDE.❞

Vingt-Mille lieues sous les mers

avoue à l'éditeur : «Mon mari me glisse dans la main.»

Estelle Hénin, épouse Duchesne d'Asnières, a-t-elle été l'amante mystérieuse qui apparaît sous les traits de la Stilla, l'étoile fantôme qui hante *Le Château des Carpathes*? Serait-elle Myra, le mirage, la femme rendue invisible par *Le Secret de Wilhelm Storitz*? Le mythe féminin perce difficilement dans l'œuvre de Jules Verne. Quand il se révèlera, tardivement, (ces deux œuvres sont publiées respectivement entre 1886 et 1901), les visions inspirées à l'auteur par ses amours perdues rappelleront durablement qu'il est né du romantisme.

La connaissance comme prétexte à la fiction

Les voyages de Jules Verne à Paris sont fréquents. En 1870, à la veille de la guerre entre la France et la

Prusse, il remonte la Seine avec le *Saint-Michel* et s'amarre au pont des Arts. Il débarque, contourne l'Institut, remonte la rue de Seine, tourne rue Jacob, entre au n°18. Depuis le quai, en cinq minutes, il est arrivé chez Hetzel.

L'écrivain et l'éditeur parlent des corrections en cours, vérifient les dessins proposés par les illustrateurs tels que Benett, Rioux, de Neuville, Ferat... Comme Hetzel, Jules Verne leur accorde une importance primordiale. Les gravures doivent servir le texte, et, à une époque où n'existent encore ni le cinéma, ni la télévision, les illustrations gravées doivent entraîner l'imaginaire du lecteur et camper le décor, les personnages, les péripéties.

A l'heure du déjeuner, les deux hommes s'installent au café Caron où Pierre-Jules Hetzel tient sa table. Parfois, Jean Macé se joint à eux. Ils parlent des orientations du *Magasin d'éducation et de récréation*.

Pour eux, éveiller la curiosité du lecteur est une priorité. Dans les *Voyages et aventures du capitaine Hatteras*, on trouve un dictionnaire des explorations polaires. Le *Voyage au centre de la terre* est aussi un manuel de minéralogie, *Vingt Mille Lieues sous les mers*, un dictionnaire de la faune et de la flore sous-marines. Ni Jules Verne ni Hetzel n'imaginent un seul instant que les enfants puissent garder en mémoire ces longues listes d'informations qui concernent tous les domaines. Là n'est pas la question. Mais le jeune lecteur sait que ces choses existent, que ces faits ont eu lieu, que l'histoire des hommes est faite d'une longue succession d'événements et d'une inlassable accumulation de recherches. Ces pages-là font aimer la

Pour illustrer les *Voyages extraordinaires*, Hetzel fait appel essentiellement aux dessinateurs Riou, Ferat, de Neuville, Bayard, Roux et Benett (ci-dessus un dessin pour *Robur le Conquérant*), ainsi qu'aux meilleurs graveurs, Hildebrand, Pannemaker, Barbant...

connaissance. Elles sont comme un temps de pose dans le récit, un hâvre étrange ouvert, quelles que soient les circonstances, sur une bibliothèque idéale prête à livrer accès au savoir encyclopédique.

Nous sommes loin des contes de fées qui trouvaient leur inspiration dans les romans courtois, dans les diableries, dans la culture populaire et orale, dans cet impressionnant réservoir d'archétypes où ont puisé Perrault, la duchesse de Beaumont et les frères Grimm. Entre l'encyclopédie et les contes de fées, Jules Verne a trouvé un chaînon manquant. En mettant la véracité des faits à égalité avec les rêves, il fait basculer en quinze ans, trois siècles de mythes.

L'auteur scientifique : où le poète, enfin, apparaît

Ce n'est pas tant l'anticipation qui définit Jules Verne comme auteur scientifique, que la place déterminante qu'il réserve à la science dans une cosmogonie nouvelle de son époque. Il a compris que, pour un siècle positiviste, les réalisations techniques de la science et ses applications pratiques ont plus de valeur

Jules Verne souffrira toute sa vie de crises de paralysie faciale. Il écrit à sa mère : « [Je viens] de faire un grand sacrifice sur l'autel de la faculté ; j'ai coupé toute ma barbe pour mieux me frotter la mâchoire ; je ressemble horriblement à Mathilde [sa sœur] ; j'ai son sourire fin, son menton grec, sa bouche rieuse et spirituelle ; je suis joli, joli, joli. »

aux yeux du public que les recherches théoriques. La science qui donne l'outil permet à Nemo de réaliser son imaginaire. Avant d'être un nouveau Prométhée, il est l'ingénieur qui met la technique au service de l'innovation.

Dans la fiction la plus effrénée, Jules Verne garde un air de vérité et réalise le miracle sans jamais quitter la vraisemblance. Sur des bases concrètes, faciles à appréhender, il rêve un homme nouveau que son époque peut idéaliser. A l'image des poètes grecs anciens, pour qui rendre les prodiges vraisemblables importait plus que le vrai, comme l'a fait Homère, Jules Verne peuple la cosmogonie bourgeoise de ses propres héros. Et si l'homme n'y est plus tout à fait celui d'autrefois, c'est aussi que les dieux ont pris depuis bien d'autres allures.

La plupart des romans de Jules Verne paraissent d'abord en feuilleton. Publiés ensuite dans un petit format in-18, ils sont repris en fin d'année pour l'édition dite «d'étrennes», illustrée et reliée ou cartonnée, voire brochée. Les «livres d'étrennes», fleuron des éditions Hetzel, sont une collection de luxe, grand in-octavo, réputée pour ses cartonnages précieux, rouge, or et polychrome. A ces ouvrages collaborent les meilleurs artisans du moment. Les frères Souze, dessinateurs et graveurs des plats de couverture, et les relieurs Charles Magnier, Lenègre et Engel donneront leur unité et leur valeur bibliophilique aux six cartonnages successivement proposés par l'éditeur: «A l'obus» (1872-1874), «A la bannière» (1875-1877), «Aux deux éléphants» (1877-1890), les «Polychromes au portrait» (1891-1895), «Au globe doré» (1896-1904), «A l'éventail» (1905-1910); ces trois derniers types comportant la polychromie et le fameux dos «Au phare».

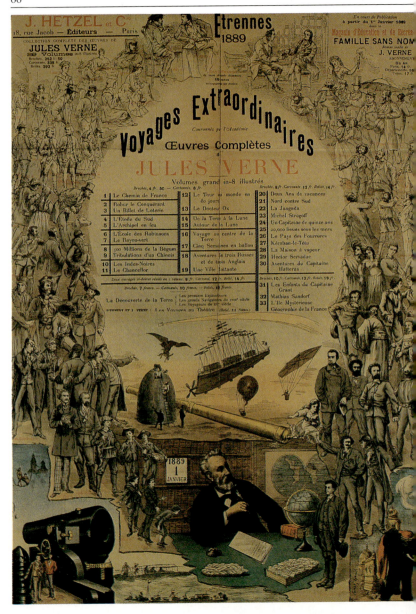

Seul, sur son bateau ou dans le silence de sa maison d'Amiens, Jules Verne esquisse la figure d'un héros moderne. Il dessine l'univers à la nouvelle dimension des hommes. Loin de la critique, qui ne reconnaît pas sa place dans la littérature française, il entreprend de «répandre dans la jeunesse un savoir en matière de géographie».

CHAPITRE III
INSTRUIRE ET DIVERTIR

" Amer savoir, celui qu'on tire du voyage!
Le monde, monotone et petit aujourd'hui,
Hier, demain, toujours, nous fait voir notre image :
Une oasis d'horreur dans un désert d'ennui! "

Baudelaire,
Les Fleurs du Mal

> Quelques jours avant la déclaration de la guerre, Jules Verne se rend à Paris avec le *Saint-Michel*. Il redescend la Seine non sans mal : « Le retour a été marqué par divers incidents et si le bateau avait tardé un jour de plus, je ne sais pas quand il aurait revu son port d'attache, car il n'y a plus d'eau en Seine... Il fait un temps admirable mais l'eau manque, manque totalement. On n'en trouve plus que dans le vin des marchands! C'est effrayant... »

A l'apogée d'un cycle, l'histoire s'arrête, le temps d'un frisson, pour donner à l'artiste, au poète, à l'écrivain, ce qu'elle a de meilleur : le rêve de ce qu'elle voudrait être.

Du Second Empire à la République

A travers le siècle, Nerval, Baudelaire, Lautréamont, Verlaine, Rimbaud sonnent le tocsin d'un monde malade à en mourir. Provocateurs, maudits et misérables, ils sont l'âme à revers d'une société qui oscille pendant un siècle entre l'Empire, la Monarchie et la République, qui établit ses nouvelles valeurs sur l'argent et sa puissance incontestable sur le développement de l'industrie. L'utopisme, le socialisme, l'anarchisme, se développent à l'ombre des usines et préparent les grandes mutations sociales dont l'heure ne sonne pas encore.

La France sort de la guerre en 1871, en même temps qu'elle rejette l'Empire et construit l'église du Sacré-Cœur sur les cadavres de la

Commune et des idéaux vaincus. Zola met en chantier *Les Rougon-Macquart, Histoire naturelle et sociale d'une famille sous le Second Empire*. Hetzel, comme Victor Hugo renvoie dos à dos «ces deux folles atroces, la Commune de Paris et l'Assemblée de Versailles».

A l'aube du XXe siècle technique, économique et social, Jules Verne capte la beauté et l'énergie de valeurs nouvelles dans une société industrielle impitoyable qui est, à première vue, totalement dénuée de poésie.

Le naufrage du «Chancellor» : de la fin des utopies au réalisme de progrès

Les premiers *Voyages extraordinaires* ont campé des personnages hors du commun, faits d'idéal et d'action. Mais l'homme de fer sait-il où il va? Sait-il ce qui l'attend? Sait-il que son désir d'indépendance s'accompagne d'un devoir social qui en fixe les limites?

Paris est assiégé par les Prussiens (ci-dessus, les soldats français campent aux Tuileries; à gauche, les bombardements sont meurtriers). La République, divisée, se heurte aux aspirations populaires. Hetzel, qui viendra en aide à de nombreux amis communards, écrit : «D'un côté des fous furieux, des scélérats, des barbares; de l'autre, des bourgeois égoïstes, indifférents, qui ne se donnent pas la peine d'aller au fond des questions et qui, quand ils se portent bien, ne songent pas à la santé des autres.»

CATÉCHISME DES INDUSTRIELS.
Par SAINT-SIMON.

La France est dans la tourmente, Jules Verne écrit un roman sombre, *Le Chancellor*, qui paraît en feuilleton dans le journal *Le Temps* : ce trois-mâts carré de neuf cents tonneaux brûle de l'intérieur et se consume inexorablement, jusqu'à la catastrophe. Un capitaine qui perd le nord ; un second, homme de cœur énergique ; un adolescent porteur d'espoir ; des bourgeois égocentriques ou excentriques ; des femmes à l'image de leur position sociale. Tels sont les protagonistes de cette société à la dérive, héroïque et égoïste, sur un radeau précaire. *In extremis* et après un effrayant purgatoire, ils sont sauvés de l'anéantissement par un miracle naturel : un courant marin puissant et favorable mène les survivants vers les eaux douces de l'Amazone.

Est-ce le rêve saint-simonien et fouriériste qui sombre avec le *Chancellor* ? L'auteur semble dire qu'il est bien malmené, dans une tempête où se débat la double nature de l'homme. C'est pourtant dans l'œuvre des utopistes que Jules Verne trouve les raisons du progrès. Par nature, il préfère les rêveurs aux banquiers, même s'il comprend que seule une accumulation du capital permet la réalisation des rêves les plus grandioses...

Le moralisme industriel et social de Saint-Simon comme le rêve communautaire de Charles Fourier restent durablement pour Jules Verne la toile de fond d'une société de progrès.

Grâce à la politique éditoriale de Hetzel, l'œuvre de Jules Verne est traduite et diffusée dans le monde entier. Il est à ce jour l'auteur français le plus traduit, avec 224 traductions, dans 23 pays.

Cap sur la terre ferme

La guerre de 70 et la Commune de Paris ont ralenti considérablement les activités de la maison Hetzel. Jules Verne est anxieux. Pourra-t-il continuer à vivre de son écriture? «Je me demande même, s'il ne faut pas tenter de rentrer à la bourse, malgré toutes les déconvenues que mes premiers essais m'ont valu. Je suis très perplexe...» Mais l'éditeur le rassure et signe un nouveau contrat portant son revenu mensuel à mille francs, auxquels s'ajoute la moitié des bénéfices à l'épuisement de chaque édition réimprimée – à l'exclusion des ouvrages illustrés que l'éditeur se réserve en toute propriété pour une durée illimitée.

Pendant le conflit, tandis qu'il gardait les côtes avec le *Saint-Michel* équipé d'un petit canon et d'une troupe de cinq hommes, Jules Verne avait installé Honorine et les enfants près de sa famille à Amiens. En 1872, il s'établit définitivement dans la capitale picarde.

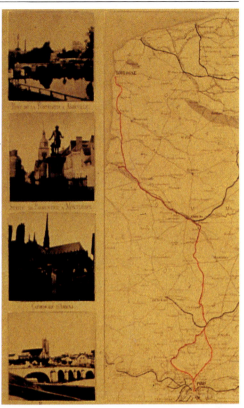

«Pour l'enfant amoureux de cartes et d'estampes L'univers est égal à son vaste appétit» (Baudelaire)

Posséder le globe, pour donner toute sa mesure au destin des hommes, passe par un repérage inlassable et méticuleux des mers et des continents. C'est la symbolique avouée dans *Les Aventures de trois Russes et de trois Anglais*, hommage de Jules Verne à son maître Jacques Arago, disparu en 1855.

La liaison ferroviaire Amiens-Paris en 1 h 30 permet à Jules de fréquents allers-retours. Amiens compte alors 65 000 habitants; c'est une ville prospère qui vit sur le textile et la grande renommée de ses velours de coton et velours «d'Utrecht», tapis moquette, passementerie...

LE TOUR DU MONDE EN 80 JOURS

Longitudes et latitudes sont les marques invisibles de l'homme, le signe de sa connaissance et de sa prise de pouvoir sur la planète. La mer impose de tels repères aux navigateurs, mais aussi aux explorateurs de terres qui sont encore marquées en blanc sur les cartes. Le relevé d'un arc de méridien en Afrique est l'occasion d'établir l'union de la communauté scientifique, par-delà les rivalités nationales et politiques. Cela ne va pas sans mal, mais la direction d'un idéal scientifique et humaniste est nettement donnée. Méridiens et parallèles sont les repères de héros désormais planétaires.

Géographe ou géophage?

Plus égoïste et plus ludique sera le pari de Philéas Fogg de faire *Le Tour du monde en quatre-vingts jours* (1872). Les moyens de transport se développent et l'intérêt du public pour les voyages ne cesse de grandir. Le chemin de fer traverse des continents,

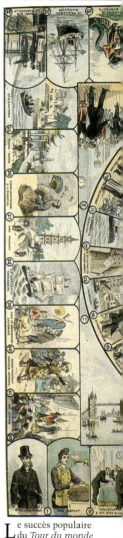

Le succès populaire du *Tour du monde en quatre-vingts jours* s'accompagne d'une véritable mode qui touche à tous les domaines.

LA COURSE AVEC LE TEMPS

la vapeur a conquis les navires, le canal de Suez, percé en 1869, diminue de moitié le temps nécessaire pour relier Londres à Bombay. Pour faire ce tour du monde, Jules Verne dépouille le réseau des compagnies maritimes, amasse les prospectus, compulse les horaires des chemins de fer français, anglais, indiens,

Récits pour lanternes magiques, jeux à la manière des jeux de l'oie, jeux éducatifs suivent le succès théâtral.

Le tour du Monde en 80 jours
7. a Hong Kong un policier grisé s'these par tout

américains... Si l'on s'éloigne de la réalité, tout doit être plausible.

Le plan de Philéas Fogg ne souffre aucun retard. La course est d'autant plus exaltante que Fogg reste en toute situation d'un calme imperturbable et d'une volonté inflexible. Plus d'une fois, il fait pousser des machines à vapeur, au risque de les faire exploser. Et pour finir, quand le charbon vient à manquer, il fait brûler tout ce qui est en bois sur le bateau qui le transporte, pour arriver à Liverpool sur un cargo dont il ne reste que la coque de fer et le moteur qui crache ses dernières flammes.

Les lecteurs du *Temps* suivent avec passion les développements de l'aventure. Jules Verne se doit de la terminer par un coup de maître. Sûr de lui parce qu'il a ménagé le dénouement avant même de commencer à écrire, il reprend les observations de Dumont d'Urville, et d'Edgar Poe dans *La Semaine des trois dimanches* : en faisant le tour de la terre à l'inverse du soleil, on gagne une heure à chaque passage de fuseau horaire et lorsqu'on revient au point de départ, on a gagné un jour. Cette «plaisanterie cosmographique» permet à Philéas Fogg, tandis que tout semble perdu, de gagner à la fois un jour et son pari.

LE TEMPS DU SUCCÈS

Au cours d'un Sutty, sacrifice consacré à la déesse de l'Amour et de la Mort, Kali, la princesse Aouda, qui doit être brûlée vive auprès de son mari défunt, est sauvée *in extremis* par la bravoure de Philéas Fogg et l'intrépidité de Passepartout.

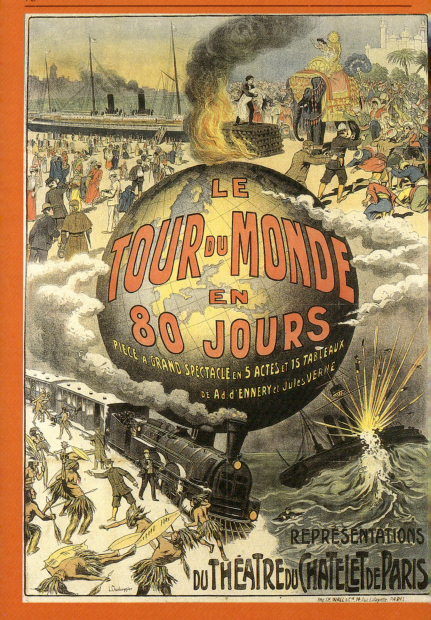

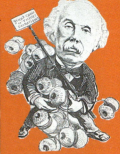

Amours à rebours : le théâtre est de retour

Adapté pour le théâtre par Adolphe Philippe dit Dennery (ci-dessus), auteur également des adaptations de *Michel Strogoff* et des *Enfants du capitaine Grant*, *Le Tour du monde en quatre-vingts jours* reste une année entière à l'affiche du théâtre de la Porte Saint-Martin. Il est repris trois ans plus tard au Châtelet (ci-contre). Le succès de ses onze éléphants, de ses serpents, de ses locomotives, de ses centaines de figurants est tel qu'il franchit rapidement les frontières.

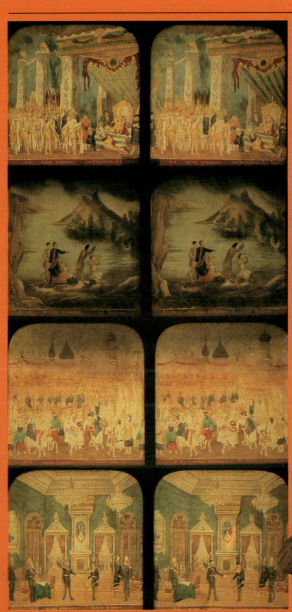

Le courrier du Czar

Michel Strogoff (1876) : l'art des combinaisons et le refus des poncifs. Hetzel veut faire accompagner Michel Strogoff aveugle par un enfant, «une sorte de gavroche russe» dit-il, et par un chien : «Partout où il y a un aveugle dans l'idée de Gavroche, il faut un chien.» Jules Verne refuse, trouvant absurdes ces propositions. C'est une jeune fille qui guidera le courrier du Czar. Strogoff et Nadia deviennent Œdipe et Antigone. Pour la documentation et les renseignements concernant la Russie, Jules Verne fait appel à Tourgueniev, le grand écrivain russe, également édité par Hetzel, et qui vit alors à Paris. L'acteur Marais (ci-dessous) crée au Châtelet le rôle de Michel Strogoff.

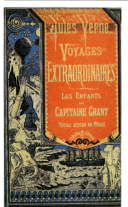

Le succès du *Tour du monde en quatre-vingts jours* est tel, qu'il est aussitôt prévu une adaptation pour le théâtre. Jules Verne retrouve ses premières amours.

«J'ai toujours fait des recherches sur le style, mais cela n'a jamais été reconnu»

En 1872, les *Voyages extraordinaires* sont couronnés par l'Académie française, mais Jules Verne ne sera jamais académicien. Par-delà ses succès populaires, l'écrivain a pourtant révélé une réflexion qui dépasse de beaucoup les seules aventures pour adolescents. Les hommes en habit vert n'y seront jamais sensibles.

Ce n'est pas qu'il tienne aux titres, mais il avoue qu'il aurait aimé une certaine reconnaissance. Malgré les efforts conjugués d'Hetzel et d'Alexandre Dumas fils, rien n'y fait. Déjà victime de son image d'auteur «pour mioches», il en éprouve quelque chagrin, mais ne change rien à une stratégie que son éditeur a trop bien verrouillée. «Du reste, avouera-t-il, le philosophe qu'il y a en moi, a pris le dessus sur toutes ces ambitions et rien de tout cela ne troublera ce qui me reste à vivre [...]. Depuis le jour où on a prononcé mon nom, pas moins de quarante-deux élections ont eu lieu à l'Académie française qui s'est, pour ainsi dire, entièrement renouvelée depuis, mais on m'ignore toujours... Le grand regret de ma vie est que je n'ai jamais compté dans la littérature française.»

Anges déchus et diable repenti

En 1873, Jules Verne conclut les aventures du capitaine Nemo et donne aux *Enfants du capitaine Grant* un rebondissement inattendu.

Dans *Les Enfants du capitaine Grant*, le jeune Robert était l'élève du très distrait savant Paganel, qui au lieu d'embarquer sur le Scotia monte sur le Duncan, croit cingler vers les Indes et part pour l'Amérique, apprend l'espagnol dans un livre portugais, etc. Le jeune Harbert (ci-dessous avec le charpentier Pencroft), sera, lui, l'élève du très industrieux Cyrus Smith.

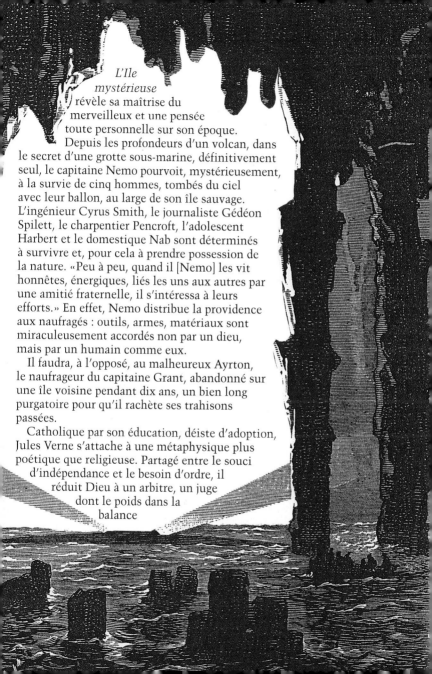

L'Ile mystérieuse révèle sa maîtrise du merveilleux et une pensée toute personnelle sur son époque.

Depuis les profondeurs d'un volcan, dans le secret d'une grotte sous-marine, définitivement seul, le capitaine Nemo pourvoit, mystérieusement, à la survie de cinq hommes, tombés du ciel avec leur ballon, au large de son île sauvage. L'ingénieur Cyrus Smith, le journaliste Gédéon Spilett, le charpentier Pencroft, l'adolescent Harbert et le domestique Nab sont déterminés à survivre et, pour cela à prendre possession de la nature. «Peu à peu, quand il [Nemo] les vit honnêtes, énergiques, liés les uns aux autres par une amitié fraternelle, il s'intéressa à leurs efforts.» En effet, Nemo distribue la providence aux naufragés : outils, armes, matériaux sont miraculeusement accordés non par un dieu, mais par un humain comme eux.

Il faudra, à l'opposé, au malheureux Ayrton, le naufrageur du capitaine Grant, abandonné sur une île voisine pendant dix ans, un bien long purgatoire pour qu'il rachète ses trahisons passées.

Catholique par son éducation, déiste d'adoption, Jules Verne s'attache à une métaphysique plus poétique que religieuse. Partagé entre le souci d'indépendance et le besoin d'ordre, il réduit Dieu à un arbitre, un juge dont le poids dans la balance tient au seul jeu des éléments et des cataclysmes naturels. La terre a ses lois, plus fortes que celles des hommes, lois simplement météorologiques, physiques, chimiques, biologiques, géographiques. Face aux éléments déchaînés, l'homme peut certes invoquer Dieu, mais ses connaissances et sa prudence lui seront plus utiles ; c'est en lui-même qu'il doit chercher les solutions aux énigmes de sa destinée.

Jésus-Christ ingénieur

Dans *L'Ile mystérieuse*, ce n'est plus Nemo qui réalise les miracles, c'est Smith («forgeron», en anglais), l'ingénieur naufragé d'origine américaine, qui, par ses connaissances en physique et en chimie, exploite à merveille les ressources naturelles de l'île. Cultures vivrières, élevage, mine, forge, four, détournement des cours d'eau, électricité, permettent aux naufragés de surpasser en développement les multiples robinsons du siècle. Nouveau Dédale dont l'histoire prolonge celle de son ancêtre grec, Cyrus Smith, tombé avec son ballon sur une terre vierge, montre l'exemple d'un homme industrieux. Il réfléchit, cherche, trouve, mais se garde bien de dire : «Faites comme moi.» Il apporte sa connaissance, instruit le jeune Harbert et se fait pour lui le Rousseau de l'*Emile*. Il est initiateur et non rédempteur.

Le personnage de Nemo a été l'occasion pendant cinq ans (1869-1873) de sérieuses controverses entre Jules Verne et son éditeur. L'écrivain se rebiffe, «vous me le changez au point que je ne puis le reconnaître», et il tient bon. Dans *L'Ile mystérieuse*, c'est un patriarche universel, défenseur de toutes les oppressions et soutien de toutes les guerres de libération, qui meurt solitaire. Nemo avait choisi l'indépendance et, en son nom, avait conquis pour les hommes les fonds sous-marins. Maintenant, le *Nautilus* immobilisé dans la caverne retient prisonnier celui dont la devise était *Mobilis in mobile*, enchaîné, comme le fut Prométhée.

Il pourrait conclure : «Voilà jusqu'où je sais porter le feu, prends-le, et va plus loin, si tu le peux!»

De l'influence d'un éditeur ou la revanche d'Hetzel

Avant de mourir, Nemo offre aux naufragés la perle produite par le tridacne géant, qu'il avait cultivée en secret pendant vingt ans. Son dernier mot est à l'image de ce que nous savons de lui : «Indépendance.» Et Jules Verne conclut par quelques phrases dont la sobriété accentue la fin sublime d'un cycle de trois romans. Hetzel refuse cet épilogue. Qu'est-ce que ce romantisme d'un autre âge! Nemo devra dire : «Dieu et Patrie», et non «Indépendance»! Qu'est-ce que cette histoire de perle ? Il faut un trésor complet! Une richesse bien employée, qui permette aux naufragés, une fois en Amérique, de fonder « un petit Etat... avec des mioches et tout le tremblement : église, maison d'école, un monument à Nemo, à Glenarvan, à Robert Grant. Il faut qu'ils soient des amours et que votre public dise que t'en es un autre». Hetzel est ferme et familier, inflexible aussi. En 1873, alors que l'idéal monarchique est encore puissant, la France construit une République faite pour durer. Jules Verne capitule et accepte de laisser croire pour vingt ans encore au phalanstère idéal, gage de la République.

Hetzel, autoritaire et familier. A gauche, le post-scriptum d'une lettre adressée à l'illustrateur Benett.

Le bal du lundi de Pâques

Début 1876, Honorine Verne tombe malade. «Elle s'en va malgré tous les soins...» écrit son mari à Hetzel. On lui fait des transfusions de sang, opérations rares à l'époque. Celles-ci réussissent et Honorine se rétablit. Pour fêter l'événement et pour introduire définitivement son épouse dans la meilleure société amiénoise, Jules Verne offre un grand bal travesti le 2 avril 1877, lundi de Pâques. L'orchestre joue Offenbach. Les travestis sont les personnages des romans. Nadar sort d'une capsule spatiale dans le rôle de Michel Ardan ; Jules Verne, amphitryon, brille dans une ambiance théâtrale et musicale qu'il affectionne... Mais Honorine a rechuté, elle ne paraîtra pas. L'atmosphère de cette fête, Jules Verne la retrouve depuis quelque temps grâce à de fréquents voyages

C'est un bourgeois peu ordinaire qui devient directeur de l'académie d'Amiens en 1875. Dans son discours, Jules Verne décrit sa ville telle qu'il l'a rêvée, satisfait de voir au kiosque l'harmonie jouer de l'algèbre sonore et d'entendre au théâtre un concert de piano donné à Paris et diffusé simultanément dans le monde entier...

Jules et Paul Verne, deux frères aux destins croisés. Jules quitte la bourse pour se consacrer à la mer. Paul quitte la marine pour se consacrer à la bourse. Paul, fidèle à son frère, le conseille dans l'achat de ses bateaux et relit les chapitres maritimes de ses manuscrits, vérifiant leur justesse et leur vocabulaire.

à Paris. Le théâtre est gagné par l'engouement du public pour les aventures de voyage. Trois de ses romans, l'un après l'autre, sont adaptés pour la scène et font un triomphe. Les grands spectacles font recette. Après le succès du *Tour du monde en quatre-vingts jours*, joué dans le monde entier, ce sont *Michel Strogoff* et *Les Enfants du capitaine Grant* qui suivent une carrière identique.

Vent du large et avis de grand frais

Les recettes des adaptations théâtrales, ajoutées aux succès littéraires donnent l'occasion à Jules Verne de réaliser une vraie folie : il achète pour cinquante-cinq mille francs le yacht du marquis de Préault, une goélette mixte de vingt-huit mètres munie d'un moteur à vapeur de cent chevaux. Avec le *Saint-Michel III*, l'écrivain fera cinq grands voyages. Son frère, Paul, devenu aussi son meilleur ami, l'accompagne toujours. Honorine, la charmante épouse, n'aime pas la mer, sa santé d'ailleurs ne lui permet pas de quitter Amiens. Pour Jules Verne cette source d'évasion vient à point. Les longs voyages en mer vont le distraire d'une ambiance familiale qu'il juge de plus en plus étouffante.

Le *Saint-Michel III* (ci-dessous), acquis en 1877, est un yacht mixte de 28 mètres, construit par les chantiers de la Loire, gréé en goélette, avec deux mâts et une cheminée inclinés vers l'arrière, et propulsé par une machine «Normand» du Havre. Boisé acajou et chêne clair, il comporte un salon, une salle à manger, un office, une cuisine, trois cabines, douze à quatorze couchettes.

COPENHAGUE
VAPEUR « SAINT-MICHEL »
PAUL VERNE

❝ Quelle folie! Quels voyages en perspective, quel champ d'impressions et que d'idées à récolter. Mon frère est enchanté de cette acquisition et m'a bien poussé à la faire! ❞

Depuis quinze ans déjà, il travaille à éveiller la curiosité de la jeunesse. Quinze ans, c'est l'âge de Michel, son fils. Les lettres de Jules Verne à Pierre-Jules Hetzel laissent percer un père autoritaire, inflexible, incompréhensif à l'égard de l'adolescent qui agit en enfant gâté. En fait, Michel cherche la reconnaissance de sa personnalité. L'enfant réclame son père, sans le trouver, et le père se durcit. Il gratifie son fils d'une «perversité précoce», le définit comme «une mauvaise nature, un fanfaron de vices, mais en même temps un cerveau absolument dépourvu de sens commun». Perversité! Perversité! Ce mot vient souvent sous la plume de Jules Verne dans ses lettres à Hetzel où les plaintes au sujet de Michel alternent maintenant avec les remarques sur le travail.

De la maison de redressement aux Indes par la force

Michel est mis dans une maison de redressement, ce qui aggrave le malaise. Puis, il est enrôlé de force «par voie de correction paternelle» sur un navire qui part, pour dix-huit mois, vers les Indes.

Il a dix-sept ans. Les termes dans lesquels il écrit à son père en critiquant ses idées, mettent Jules Verne dans un état d'exaspération incontrôlée. Il enrage auprès d'Hetzel, parle de «la lettre la plus horrible qu'un père ait jamais reçue de son fils!» Michel a osé mettre en cause, à la façon de Baudelaire, les sentiments que peuvent éveiller les voyages, la mer et les grands paysages. Il écrit de Calcutta : «Je n'ai jamais cru à cette émotion qu'on éprouve en prenant la mer, à cette "horreur de l'abîme", à cette "inquiétude de l'immensité". J'avais bien raison! Phrases que tout cela!»... De quoi agacer le romancier. Pourtant, Michel n'est pas franchement provocateur. Il reste affectueux et recherche une complicité sincère avec ce père intraitable : «Qu'il soit bien entendu que tout ceci ne contient

Jules Verne peut toujours rêver, son fils Michel n'en fait qu'à sa tête. A l'inverse de ce fils «désordre», Jules imaginera en 1891 P'tit Bonhomme, à la manière de Charles Dickens. A force de rectitude, de générosité et d'opiniâtreté, P'tit Bonhomme, l'enfant abandonné, misérable et remarquable, ouvre à quatorze ans un bazar à Dublin et fait rapidement fortune. Il ne manquera pas de récompenser tous ceux qui l'ont aidé dans sa prime enfance. Michel inspire le personnage de Dick Sand (ci-dessous, avec le petit Jack) dans *Un capitaine de quinze ans*.

aucune récrimination [...]. Je ne te demande même pas mon rappel, bien que je ne voie guère la nécessité de continuer un remède sur un homme bien portant, d'abord parce que tu en serais chagriné, ensuite parce que tu me le refuserais. Après tout, je peux bien me tromper.»

Transmutation romanesque

Le choc avec Michel est d'autant plus insupportable que Jules Verne a besoin de sa foi dans la jeunesse. Depuis toujours les adolescents portent à ses yeux les principaux espoirs de l'avenir : Axel, dans le *Voyage au centre de la terre*, et Robert Grant sont la jeunesse accomplie dans l'expérience ; André Letourneur dans *Le Chancellor* est l'objet mérité de tous les sacrifices d'un père ; Harbert, dans *L'Ile mystérieuse*, le modèle des élèves ; Nadia, dans

Les Cinq Cents Millions de la bégum (1879) : Stahlstadt, la ville d'acier du Docteur Schulze, forge un gigantesque canon contre Franceville, la cité du Docteur Sarrazin, l'apôtre de la paix. C'est l'un des trois romans écrit en collaboration avec Pascal Grousset, alias André Laurie. Ce Corse, antibonapartiste virulent, ministre des affaires étrangères de la Commune de Paris, condamné au bagne avec son ami Henri Rochefort, évadé de Nouvelle-Calédonie, exilé en Angleterre, est l'un des communards aidés par Hetzel. Ses deux autres collaborations avec Jules Verne sont *L'Etoile du sud* et *L'Epave du Cinthia*.

Michel Strogoff, l'exemple de la grandeur d'âme...

Jules Verne ne comprend pas son fils, mais il sait transcender et sublimer le réel, comme pour effacer la marque trop cuisante de ses déceptions. Il consacre un roman à son fils et fait de l'adolescent embarqué le héros d'une aventure anti-esclavagiste. Dans *Un capitaine de quinze ans*, écrit l'année des pires difficultés avec Michel, le jeune Dick Sand montre la voie : quand la folie des adultes sombre dans le chaos, quand les hommes se déchirent, quand les éléments se déchaînent, l'adolescent que rien n'effraie, celui que l'innocence préserve du désastre intérieur, résiste et agit.

De la machine à la maison à vapeur

Philéas Fogg avait parié sur le formidable développement du rail. Mais, ne pourrait-on voyager en chemin de fer... sans les rails? Aller dans la jungle, transporté par le progrès, comme on peut le faire à dos d'éléphant? Ça, ce serait une idée! Et voici, lancée à travers les Indes, *La Maison à vapeur* (1879-1880), accessoire de comédie à grand spectacle plongé au cœur de la révolte des Cipayes : un éléphant mécanique, «un géant d'acier», dont le ventre est une chaudière de bonne taille portée par quatre pattes articulées, qui crache le feu par la trompe. Une drôle de machine qu'on pourrait admirer comme un triomphe de la technique, si elle n'avait quelque chose de... ridicule. D'ailleurs Jules Verne l'écrabouille pour finir, comme un jouet que l'enfant n'aime plus.

Kéraban le Têtu (1882-1883) raille à son tour le train qui déraille. Jamais, il ne montera dans un train! Lui, le riche négociant qui refuse de payer la taxe de cinq centimes pour traverser le Bosphore, lui qui fera plutôt le tour de la mer Noire pour prouver à la bureaucratie turque qu'on peut encore être indépendant, lui, Kéraban, ne prendra jamais de sa vie le train qui fait du bruit, qui sent mauvais, qui heurte son individualisme forcené. *Kéraban le Têtu* est une comédie dans laquelle ressurgit si bien l'écrivain boulevardier que Jules Verne veut en assurer lui-même l'adaptation au théâtre. C'est un échec cuisant.

On rêve, on rêve, et rêver ne suffit pas

Sur ces mers et sur ces continents, l'or, symbole de toutes les cupidités, va s'avérer l'écueil le plus redoutable. D'où vient le pouvoir? De l'argent. D'où vient l'argent? De nulle part... Le moindre des paradoxes n'est pas de voir que ces héros de la bourgeoisie sont aussi vierges financièrement que sont asexués les anges de nos églises. S'ils sont riches, l'origine de leur fortune est mystérieuse. Quand ils se lancent dans de gigantesques entreprises, l'argent ne manque jamais. S'ils sont pauvres, leurs qualités morales sont leurs meilleurs armes contre l'infortune. Mais que l'homme s'avise de courir après l'or et aussitôt il se précipite à sa perte.

Pour échapper à la nécessité d'être vraisemblable, Jules Verne passe par le rêve et justifie ainsi les pérégrinations d'Hector Servadac (1876), arraché à notre planète par une comète et voyageant jusqu'à Saturne avant de revenir sur terre. Attachés à la rigueur géographique, les héros des *Aventures de trois Russes et de trois Anglais* (ci-dessus), qui sont là pour mesurer un arc de méridien terrestre avaient, eux, des préoccupations plus terre à terre...

L'Océan porte les romans de
Jules Verne et le souffle marin fait
durer son œuvre. Le chronomètre et
le calendrier ouvrent la porte à la
quatrième dimension. Jules Verne
joue avec le temps et la mort et,
saisi de doute, corrige le portrait
de l'homme idéal.

CHAPITRE IV
LE SCEPTIQUE DE LA SCIENCE

**« La tempête a béni
mes réveils maritimes.
Plus léger qu'un
bouchon, j'ai dansé sur
les flots
Qu'on appelle rouleurs
éternels de victimes
Dix nuits sans regretter
l'œil niais des falots. »**
A. Rimbaud,
Le Bateau ivre

En octobre 1882, Jules et Honorine Verne, qui ont respectivement cinquante-quatre et cinquante-deux ans, s'installent dans une grande maison à l'angle de la rue Charles-Dubois et du boulevard Longueville.

Honorine et le «Saint-Michel III»

Le romancier revient de deux grandes croisières qu'il a faites avec le *Saint-Michel III* en mer du Nord. Il a visité l'Irlande, la Norvège, l'Ecosse puis la Hollande et le Danemark, en compagnie de son frère Paul et de quelques amis. Ces voyages lui rappellent ceux qu'il a faits vingt ans plus tôt. Il aime revoir les lieux qui ont inspiré ses romans et revient avec de nouveaux carnets de notes qu'il utilisera pour *Le Rayon vert* et *Un billet de loterie*.

En 1884, il entreprend une nouvelle croisière en Méditerranée. Honorine, définitivement rétablie, est cette fois du voyage, Michel aussi. Ils gagnent Alger par le train à travers la France puis par la ligne régulière des paquebots pour l'Algérie, tandis que Jules et Paul longent l'Espagne et passent Gibraltar avec le *Saint-Michel*. Mais à Alger, au lieu

La maison de la rue Charles-Dubois, aujourd'hui consacrée au centre de documentation Jules Verne, est un grand bâtiment de brique de deux étages dominé par une tour surmontée d'un belvédère. Jules Verne a son bureau et sa bibliothèque au second. Sur la cheminée du bureau, un buste de Shakespeare, un autre de Molière; un rayonnage à portée de main soutient les œuvres de Maupassant et Daudet et les traductions de Dickens, Walter Scott, Fenimore Cooper et Edgar Poe.

À propos du *Rayon vert* (ci-dessous), Jules Verne écrit à Hetzel : «L'héroïne doit être jeune, mais très originale, excentrique tout en restant convenable et cela doit être écrit avec une très grande légèreté de main», à l'image, ajoute-t-il, de la «nuageuse poésie du poème d'Ossian».

d'embarquer, Honorine, effrayée par les tempêtes, convainc Jules de gagner Tunis avec elle par voie terrestre. La ligne de chemin de fer Alger-Tunis n'est pas achevée, les diligences sont disloquées, les auberges pleines de cafards. Jules enrage. Le capitaine Ollive attend avec le *Saint-Michel* en rade de Tunis.

«Cette femme-orchestre aux cent bouches...»

La renommée poursuit Jules Verne d'escale en escale et les lauriers lui pèsent. Moins que jamais il n'aime le monde et les mondanités : l'accueil fastueux du bey de Tunis, puis la réception officielle à Malte. Partout l'écrivain est traité en ambassadeur et son voilier assailli par les curieux. Honorine est flattée et s'amuse. Jules Verne fuit, se cache, voudrait garder l'incognito, y parvient parfois.

Depuis le départ du Tréport, chaque matin dans sa cabine, il corrige les chapitres de *Mathias Sandorf*, un nouveau personnage, maître de la Méditerranée aussi sûrement que Nemo l'était des océans. L'inspiration de l'écrivain est forte, Jules Verne est enthousiaste.

Au large de Malte, le *Saint-Michel* essuie une terrible tempête. Jules éprouve une telle frayeur qu'il débarque en Sicile et décide de terminer le voyage en chemin de fer. Cette fois les deux époux sont d'accord. Le capitaine Ollive ramène le navire à Nantes. *Mathias Sandorf* s'enrichit d'une tempête au réalisme saisissant et d'un personnage déterminant, celui du pilote maltais qui a sauvé le *Saint-Michel* de la catastrophe.

Aussitôt débarqué, Jules Verne se confronte pour l'unique fois de sa vie à un volcan. Il escalade l'Etna en activité et dans les jours qui suivent, avec Honorine, il visite l'Italie.

LE CHANCELL

La peur de mourir en mer ou le spectre d'un naufrage comme celui du *Chancellor* ont-ils été les plus forts? Peu après ce voyage, Jules Verne vendra le *Saint-Michel III* (ici devant le Vésuve) et ne naviguera plus.

Après les accueils fastueux de Naples, de Rome, les feux d'artifices tirés pour lui à Venise, Jules Verne, resté seul, se rend à Milan pour consulter les dessins de Léonard de Vinci. Il cherche l'inspiration pour un projet de longue date concernant les «plus lourds que l'air». Les plans de Vinci lui servent à esquisser l'*Albatros*, aéronef géant de *Robur le Conquérant*.

Un double mystérieux

La dernière période de la vie de Jules Verne s'ouvre sur un roman-phare, dans lequel apparaît pour la première fois un romancier philosophe. Comment ne pas faire le rapprochement entre Jules Verne et Mathias Sandorf. Ils ont le même âge, la même silhouette, les mêmes rêves, les mêmes amours. Mathias et Jules ont en commun une expérience déjà considérable. Jules Verne souligne : «Ce qui contribuait à lui donner cette célébrité tenait principalement à l'impénétrable

Le mariage de la mer et des volcans est cher à Jules Verne. Les volcans interviennent pour ou contre le destin des hommes. Ils mettent la mer en fusion dans l'Atlantide de Nemo et pour finir ferment sa tombe. Un volcan brise la banquise du pays des fourrures, un volcan d'or ensevelit les mines d'Alaska. Et c'est là que se terminait le *Voyage au centre de la terre* : «Au milieu de l'archipel Eolien de mythologique mémoire, dans l'ancienne Strongyle, où Eole tenait à la chaîne les vents et les tempêtes. Et ces montagnes bleues qui s'arrondissaient au levant, c'étaient les montagnes de la Calabre! Et ce volcan dressé à l'horizon du Sud, l'Etna, le farouche Etna lui-même.»

mystère qui entourait sa personne. Comme on ne sait rien de sa vie, le champ est plus vaste, l'imagination en profite.» Rester un personnage secret, c'est la conception que Jules Verne a défendue à propos de Nemo et qu'il applique à lui-même, se réfugiant habilement derrière des masques et jouant des mots pour se confondre, dans la galerie, avec les portraits de ses personnages.

Mathias Sandorf, dont le territoire s'étend sur toute la Méditerranée, est reconnu à chaque escale, repéré par les curieux comme l'est Jules Verne qui écrit sous une forme énigmatique :
«Mais d'où vient-il?
– D'où il lui plaît.
– Et où va-t-il?
– Où il lui convient d'aller.
– Mais qui est-il?
– Personne ne le sait et peut-être ne le sait-il pas plus que ceux qui le demandent!»

«La mort ne détruit pas, elle ne rend qu'invisible»

Qui est ce jeune homme, dont le nom reste longtemps caché? Il est le fils et il ne l'est pas. Il meurt, mais il n'est pas mort. Pour finir il vit, mais

Jules Verne commence avec *Mathias Sandorf* un cycle de quatre romans consacrés au thème de l'amour et de la mort. Ce sera le «cycle danubien». «Fritt Flacc» est le bruissement de la camarde qui s'approche, c'est aussi le titre d'une nouvelle brève et saisissante qu'il écrit pour *Le Figaro illustré*, en 1884.

ne doit pas être reconnu : «Enlève cette plaque [...]. Retire cette pierre [...]. Retire ce corps [...]. Prends ce corps [...]. Maintenant Pierre, réveille-toi, je le veux! Aussitôt, comme s'il n'eut été qu'endormi de ce sommeil magnétique semblable à la mort, Pierre ouvrit les yeux [...].
«Vous? murmura-t-il, vous qui m'avez abandonné?
– Moi, Pierre!
– Mais qui êtes-vous donc?
– Un mort... comme toi!»
Ainsi, on peut revenir des régions d'Hadès. Mais qui est véritablement le jeune homme que Sandorf vient de tirer de sa tombe? Un amoureux transi? Certes! Prêt à faire des bêtises? Oui! Un père également, passé outre-tombe pour sauver son enfant. Un fils idéalisé enfin, qu'il faut faire mourir et qu'il convient de faire renaître, pour conjurer un mauvais départ dans la vie.

Matthias Sandorf, comme le comte de Monte-Cristo, disparaît vingt ans pour renaître. Jules Verne dédie le roman à Dumas père.

«Je vois toujours, au bout de tout cela, la maison d'aliénés»

De fait, la réalité ne dément pas la fiction et au retour du grand voyage en Méditerranée, une nouvelle surprise attend Jules Verne à Amiens : Michel, qui s'était marié quatre ans auparavant, contre son avis, a quitté Nîmes, abandonnant sa femme à Avignon. L'écrivain confie à Hetzel : « Il est venu à Paris avec une fille, mineure de dix-huit ans, qu'il dit être grosse de lui. Il a emporté son mobilier de Nîmes où il a plus de trente mille francs de dettes... J'ai eu ici la visite de la mère et de l'oncle de la fille en question. Une sorte de tentative de chantage. J'ai refusé absolument d'intervenir.»

Jules Verne s'intéresse aux recherches de Charcot (ci-dessous) et reprend à sa manière les études sur la folie dans *Mistress Branican*.

Un jeu d'énigmes pour un enfant déchu

Aussi, rien d'étonnant à ce que dans *Mathias Sandorf* l'épicentre de la quête se déplace vers une fille – qui est aussi femme. Entourée de

mystère, Sava Toronthal, en réalité Sava Sandorf, apparaît sur le port de Raguse, à l'image des jeunes filles à l'église, protégée par le rempart des conventions religieuses, auréolée d'innocence.

Mais sous une apparence conventionnelle, elle a le tempérament de son père. Elle se révolte contre les manœuvres et les mensonges. Capable d'intransigeance, elle agit contre l'injustice, mystérieuse et secrète, terriblement séductrice dans son innocence même.

Jules Verne, en donnant peu à peu un rôle essentiel à une jeune femme, retourne aux tourments de son adolescence, au temps où son cœur se brisait contre les conventions de sa caste. Mais, dans le roman, si le fils n'est pas le fils, la jeune fille s'avère bien, elle, être la fille du héros. Chassé-croisé. L'auteur s'en expliquera bientôt dans deux autres romans, *Le Château des Carpathes* et *Le Secret de Wilhelm Storitz*.

Le héros qui tombe

Contrairement à Sandorf, Robur n'est pas un grand capitaine, mais un conquérant bien pâle de l'espace aérien. Jules Verne a tout donné dans le tryptique Hatteras-Nemo-Sandorf, qui ont circonscrit les ressources de l'homme héroïque. Il est épuisé. D'après les dessins de Léonard de Vinci et les travaux de Ponton d'Amécourt, il a imaginé un vaisseau hélicoptère, tracté par trente-sept hélices doubles, affirmant la

Robur (la force, en latin) s'empare par force des présidents du Weldon Institute pour leur prouver la puissance de son *Albatros*. Génial ingénieur, il conquiert le ciel au moyen du plus lourd que l'air, et finira fou pour n'avoir pas su mesurer son orgueil.

victoire des plus lourds que l'air sur les ballons. Voilà la prouesse !

Le maître de cette nef révolutionnaire brille, quant à lui, par son absence. Jusque-là les capitaines se divisaient en deux catégories : les héros et les lâches. Robur n'est ni l'un ni l'autre, il n'intéresse plus son père. Ce héros nouveau que Jules Verne a si bien développé, cet archétype des sociétés positives et réalistes, il sent bien, lui, le visionnaire, qu'il n'est pas l'homme du futur. Si Dieu est dans l'espace, dans le ciel, comme le veut la religion, c'est que les hommes, qui vivront isolés parmi les étoiles, devront, un jour, inventer une manière nouvelle de se comporter.

Non sans humour, l'écrivain remet en cause jusqu'aux prouesses techniques de la science. Frycollin jette des regards désespérés vers les hélices :
« — Est-ce que ça casse quelquefois ?
— Non, mais ça finira par casser.
— Pourquoi ?... Pourquoi ?...

Entre 1884 et 1889, Jules Verne écrit quatre romans historiques : *L'Archipel en feu*, dans lequel il prend la défense des nationalistes grecs contre l'occupant turc ; *Nord contre Sud*, qui oppose pour l'abolition de l'esclavage les Etats de l'Union aux Confédérés ; *Le Chemin de France*, qui met en scène la bataille de Valmy et *Famille sans nom*, où il défend la cause des Canadiens francophones contre les Anglais – sanguinaires comme il se doit.

« – Parce que tout lasse, tout passe, tout casse, comme on dit dans mon pays. »

Oui, tout, même le mythe des hommes capables de l'impossible par la seule force de leur volonté! L'esprit a des limites que la matière ignore. Le danger frappe à la fenêtre, et si la folie d'Hatteras naissait au gouffre d'un volcan, sans conséquence pour la civilisation, dix-huit ans plus tard, dans *Le Maître du monde*, la folie de Robur, maître des airs, menace la planète d'un abîme de catastrophes.

Ces portraits de Jules et Honorine Verne décoraient le salon d'Amiens.

« Grrrrrande auberge du Tour du monde, tenue par M. et Mme Verne. Pour aujourd'hui seulement, on y boit gratuitement »

Pour prolonger la fête de 1877, à laquelle Honorine n'avait pu paraître, Jules organise pour sa femme, le 8 mars 1885, un deuxième grand bal costumé. Les deux époux reçoivent le tout-Amiens dans leur nouvelle maison, transformée en auberge. Jules, avec un tablier en faux ventre, fait un superbe aubergiste de foire. Honorine tourne les légumes d'un gigantesque pot-au-feu. La fête est réussie, la maîtresse de maison y brille par sa bonne humeur et son esprit allègre. Ses deux filles, mariées à Amiens, sont auprès d'elle. Maintenant, Honorine fait partie des femmes de notables. Connue et reconnue, elle ouvre salon tous les mercredis soir.

Le bourgeois d'Amiens

Confortablement installé, Jules Verne se consacre régulièrement à la vie de la cité. Amiens devient peu à peu le siège de son activité sociale. L'Académie française se désintéressant de lui, il se détourne de Paris. La loge du théâtre de la rue des Trois-Cailloux suffit maintenant à son divertissement, le spectacle est généralement suivi d'un dîner avec Honorine, au restaurant de l'hôtel Continental.

Chaque matin, dès l'aube, il écrit, entre cinq heures et onze heures, et déjeune tôt. Puis il se rend à la bibliothèque de la Société industrielle, y consulte tous les périodiques du jour et corrige là les épreuves renvoyées par Hetzel. Ensuite, il part pour l'académie ou la Caisse d'épargne, dont il est l'un des administrateurs. Il reçoit ses visiteurs l'après-midi, soit chez lui, soit dans les salons de

Jules Verne (ci-dessus, avec les membres de la Société industrielle) est entré vivant dans la légende : le romancier italien De Amicis vient lui rendre visite pour vérifier que l'écrivain existe bien. En Italie, le bruit se répand que *Les Voyages extraordinaires* sont une œuvre collective. Les bruits les plus insensés courent sur l'existence et sur les origines de l'écrivain. Des Polonais le croient polonais. En Hongrie, on a traduit jusqu'à son nom et Jules Verne est devenu Verne Gyula.

la Société industrielle.

Il assiste aux soirées d'Honorine, agrémentées de jeux divers et de lectures, et reste quelque temps, dos à la cheminée. Il parle peu, mais il est capable de s'enflammer sur les sujets qui l'intéressent. Il se retire enfin vers dix heures. Jules Verne profite depuis dix ans de sa réussite. En un mois, début 1886, trois événements vont précipiter sa vie et lui donner un autre cours, comme si *Mathias Sandorf* en avait été la vision prémonitoire.

1886 : février de cette année-là...

Les droits d'auteur baissent régulièrement; les bordereaux d'éditeur l'attestent. Leurs revenus restent amplement suffisants aux besoins de Jules et Honorine, mais l'écrivain est soucieux. Il écrit à Paul : «Tu es gai et restes gai. Moi je ne le suis plus guère; avec toutes mes charges, l'avenir m'effraie beaucoup. Michel ne fait rien, ne trouve rien à faire, m'a fait perdre deux cents mille francs et a trois garçons, et de toute évidence leur éducation va retomber sur moi. Enfin, je finis mal.»

Pour voler au secours de son fils, en faillite dans ses entreprises, Jules Verne vend, le 15 février, le *Saint-Michel III* dont l'entretien, avec un équipage de sept à dix personnes, revient très cher.

Lundi 9 mars 1886, 17 heures

Il est encore très affecté par cette décision... quand un soir, devant la porte de son jardin, il est interpellé par Gaston Verne, le fils cadet de Paul. Après une brève altercation, Gaston brandit un revolver. Jules veut désarmer son neveu. Deux coups de feu partent. Une balle se loge dans la porte en bois, l'autre dans le pied de l'écrivain. Pendant un mois, les médecins veulent extraire la balle. Pour finir ils y renoncent et Jules

Verne, excédé par le ballet des spécialistes qui défilent à son chevet, s'écrie : «Dire est tout ce qu'ils trouvent à faire!...» Dorénavant, il est boiteux.

Huit jours après l'attentat, c'est à l'hôpital qu'il apprend la mort de Pierre-Jules Hetzel. Il perd un ami et un soutien. «Je n'ai pu assister aux derniers moments de votre père, qui était bien le mien aussi, et je ne pourrai l'accompagner près de vous à sa dernière demeure!» écrit-il simplement à Jules Hetzel fils. Son éditeur disparu, il sait bien que sa propre vie a pris le dernier tournant.

Prométhée en danger

Après une longue convalescence et une aussi longue dépression, durant laquelle Honorine l'entoure d'attentions, il recommence à écrire. Mais son enthousiasme persistant pour les sciences s'assombrit de nouvelles inquiétudes. Cette dualité, également sensible dans *Maître Zacharius* et *Docteur Ox*, puis dans *Les Cinq Cents Millions de la bégum*, rebondit

Dans l'une de ses dernières lettres à Jules, Hetzel (ci-dessus) lui écrivait : «Les Français passent pour avoir l'esprit prompt, c'est une erreur. Ils ne font rien bien sans répétition. Il faudrait qu'ils puissent tout commencer par la seconde fois.»

Sans dessus dessous (1888-1889) est un roman sur la folie scientifique. Les membres du Gun-club, toujours présidés par Barbicane (page de gauche), qui avaient envoyé l'homme sur la lune, veulent détourner l'axe de la terre et supprimer les saisons. *Les Aventures de la famille Raton*, conte allégorique sur la quête d'un bonheur simple, sont publiées dans *Le Figaro illustré* en 1891.

en 1888 avec *Sans dessus dessous*.

Jules Verne ne cesse de vouloir modifier la vision, trop optimiste à son goût, qu'il a donnée de la science dans ses premiers romans. Il n'y parvient pas. On ne l'écoute plus. S'il appartient toujours aux enfants, les parents formés à sa lecture ont fait leurs l'enthousiasme et les passions de l'écrivain. Devenus adultes, ses premiers lecteurs continueront de justifier toutes leurs décisions, aussi brillantes ou sottes soient-elles, au nom du progrès futur, un credo que l'auteur, à sa manière, a bien contribué à établir.

«Classé dorénavant dans la catégorie des vieillards»

Jules Verne veut revenir aux hommes, abandonner le héros à valeur mythique et retrouver la modestie du devoir. Dans *Le Beau Danube jaune*, le personnage central est un retraité, comme il l'est devenu lui-même, gestionnaire de son temps, qui mesure l'espace le séparant de la mort.

A cette époque, tandis que finit le siècle, ses visiteurs sont unanimes : ils ont devant eux un homme simple, courtois et affable, quoique passionné et toujours tranchant envers les sots. Mais la machine se rouille, l'infirmité du pied s'ajoute aux vertiges provoqués par le diabète et aux paralysies faciales dues à l'hypertension.

Jules Hetzel fils a repris les affaires de son père. Les deux Jules se sont toujours entendus, mais les fréquents voyages à Paris, motivés par les longues discussions avec l'éditeur décédé, sont dorénavant inutiles. Hetzel fils

Le demi-siècle industriel opère ses dernières mutations. Le convertisseur Bessmer (1861) permet de produire l'acier en grande quantité. La dynamo (1872), puis l'hydro-électricité (1889) feront bientôt reculer la vapeur. Le téléphone (1876) et la T.S.F. (1890-1901) permettent de communiquer instantanément. L'ampoule électrique (1881) va transformer la nuit en jour. En cinquante ans, la marche lente du trafic fluvial, déjà supplantée par le chemin de fer, le sera aussi par l'automobile (1883).

n'intervient pas dans le travail de Jules Verne. L'impossibilité de naviguer achève de rendre l'écrivain sédentaire. Il devient philatéliste, une autre manière de voyager.

«J'appartiens au parti conservateur»

Elu au conseil municipal, en 1888, sur une liste radicale-socialiste, il ne craint pas le paradoxe, ayant toujours considéré que «l'infernale politique couvre la belle poésie de son manteau prosaïque». Du conseil municipal, il dit à Charles Wallut: «Plusieurs de mes collègues sont des enragés, on les calmera. D'autres ont du bon sens, tant mieux! Quelques-uns sont des imbéciles, tant mieux encore! Leurs propos m'égaieront. J'en ai besoin.»
Il y reste seize ans, défendant les espaces verts et se battant contre les projets immobiliers qui avilissent le paysage. Treize ans après son discours sur la ville idéale à l'académie d'Amiens, il en défend la

Dans *Une ville idéale* (Amiens en l'an 2000), texte d'anticipation pure, Jules Verne imagine quartier par quartier la ville future, son confort, son bien-être au service de la communauté, mais aussi les contraintes (mariage obligatoire, surveillance médicale policière) qu'elle induit. Jules Verne, somme toute, préfère son «île idéale» qu'il sait malheureusement impossible.

Jules Verne et son chien Follet, dans le jardin de la maison, rue Charles-Dubois.

mise en application. Ayant retrouvé sa vigueur, il s'oppose au nouveau maire, pour que les subventions de la ville aillent à l'école de médecine au lieu d'être employées à loger un bataillon. Il obtient gain de cause et écrit à Hetzel fils : «Nous avons renversé notre maire, une campagne où j'ai donné de ma personne.»

Préposé aux foires, il soutient les saltimbanques et fait construire un cirque en dur pour accueillir les gens

Quand Jules Verne entreprend *Le Château des Carpathes* (ci-contre), Offenbach vient d'adapter les *Contes d'Hoffmann*, Huysmans a fait paraître *A rebours*. Raymond Roussel, futur auteur de *Retour d'Afrique* lui rend visite et tisse le lien entre le romantisme vernien et le rêve surréaliste.

du voyage. Cet amour pour la vie d'artiste ne l'a jamais quitté depuis ses débuts au théâtre. C'est à deux acrobates de foire, l'énorme Cap Matifou et le minuscule Pointe Pescade qu'il avait confié les actions héroï-comiques de *Mathias Sandorf*. Et c'est à *César Cascabel* (cascabel signifie «grelot» en espagnol), au saltimbanque, qu'il laisse, en 1890, le soin d'effectuer le retour aux sources et, de regagner la France, en sens inverse de Philéas Fogg, après une longue errance.

Le cirque d'Amiens et la voie ferrée, tout proches de la rue Charles-Dubois : le paysage que Jules Verne pouvait contempler de la fenêtre de son bureau.

En sortant du Tunnel sous le champ de Foire.
dit. Amiens.

«Au fond de l'inconnu pour trouver du nouveau» (Baudelaire)

L'action du *Château des Carpathes*, entrepris en 1884 et achevé en 1889, se situe en Transylvanie hongroise, là où Sandorf avait commencé son odyssée. Commun au deux romans, le point de départ est la mort d'une femme, qui, ici, brise un mariage imminent et laisse deux amants rivaux au seuil de la folie. L'un d'eux ressucite son fantôme en inventant l'hologramme. Jules Verne associe le phonographe, la photographie et le cinématographe. Il invente un effet semblable à ceux produits par les rayons lasers et

Les grandes découvertes s'accompagnent d'inventions au service du rêve : le phonographe, en 1877, et le cinématographe, en 1895. Ci-dessus, une séance de projection, illustration du *Humbug*, une nouvelle de 1863.

donne à l'amour l'éclat du fantastique né des inventions futures. Il annonce un siècle de magie audiovisuelle.

Gemellité autour de l'amour et de la mort

Si *Le Château des Carpathes* est le roman d'une femme rendue visible au-delà de la mort par les nouvelles techniques, *Le Secret de Wilhelm Storitz* est son étrange négatif. Dans une garnison des «confins militaires» de l'Empire austro-hongrois, Wilhelm Storitz hérite de son père physicien le secret de l'invisibilité. Rejeté par la société bourgeoise, il utilise le procédé pour dérober aux regards la jeune fille qu'on lui refuse. La femme, ici, est bien vivante mais la mort de Storitz emporte le secret et la belle Myra demeure invisible.

Le mariage de Myra, deux fois interrompu par le machiavelique Wilhelm peut enfin avoir lieu. Mais au bras du marié, devant l'autel de la cathédrale, si elle est là, si elle parle, si elle vit, personne ne peut la voir. Myra est un mirage et Jules Verne avoue sa mysogamie, jusque-là suspendue dans toute son œuvre. Le cycle se referme avec un roman resté inachevé, *Le Beau Danube jaune*. Que serait devenue l'histoire de cet homme à la retraite qui descend le fleuve à la rame? Michel répondra pour son père en reprenant le manuscrit sous le titre *Le Pilote du Danube*. Il en fera une aventure où toutes les personnalités se croisent et se perdent, en un bouquet final d'identités multiples et secrètes, dont Jules Verne, pour compléter l'image de ses héros, voulait témoigner.

De Nemo à XKZ : la fascination pour le Nouveau Monde

Après avoir organisé sa fausse mort, XKZ, le personnage sans nom du *Testament d'un excentrique*, manipule un gigantesque jeu de l'oie, dont les cases

LES LIMITES DE L'IDÉAL

vont être les Etats-Unis d'Amérique.

Jules Verne brosse un tableau, unique dans son œuvre, de différents types sociaux, de leur réaction face à l'argent et des formes multiples que prennent la réussite ou l'aigreur. La vie de ses personnages est présentée comme un grand canular. Mais derrrière ce jeu, qui montre que toute fortune doit se remettre en cause pour que la société progresse, l'écrivain engage une réflexion sur les utopies qui ont animé son œuvre. La croisade contre l'or est lancée : la cupidité, la course à l'enrichissement et l'abaissement moral qu'elle engendre sont un désastre pour l'humanité.

Dans *L'Ile à hélice*, dont il propose à Bennett le projet d'illustration ci-contre, Jules Verne se moque d'une société techniquement parfaite mais dont les hommes ne savent plus que faire. Ne cherchant qu'à satisfaire son égoïsme, d'oisiveté en rivalités, la société riche et idéale sombre dans l'océan Pacifique.

La Journée d'un journaliste américain en 2889 (ci-dessous) est adaptée pour le *Petit Journal* (1891), à partir d'un texte de son fils Michel (ci-dessus), publié dans la revue américaine *The Forum*.

L'homme aux ailes coupées

Jules Verne refuse de destituer les valeurs sur lesquelles sont construits *Les Voyages extraordinaires*. Mais il redoute que l'homme porte en lui les limites exiguës de ses propres quêtes.

Hatteras, déjà, n'a-t-il pas sombré dans la folie pour avoir réalisé son rêve ? Nemo n'est-il pas mort dans une apothéose de solitude ? Mathias Sandorf est-il heureux sur l'île d'Antekirtta ? S'il a réalisé, lui, la société idéale et juste à laquelle

il aspirait, Jules Verne ne dit rien sur son bonheur, hormis la satisfaction qu'il peut avoir de passer le relai aux plus jeunes pour qu'ils tentent de faire mieux à leur tour.

Avec *En Magellanie*, corrigé par son fils et publié après sa mort sous le titre *Les Naufragés du Jonathan*, Jules Verne revient une dernière fois sur le thème du héros face aux devoirs de la cité. Le Kaw-djer, personnage vieilli, libertaire, préfère la mort et s'il faut le suicide, plutôt que la perte de son indépendance et de son identité.

Il parvient à établir une société industrieuse, aussi idéale que celle des cinq naufragés de *L'Ile mystérieuse*. Mais cette fois, les rescapés sont neuf cents et le poids du groupe ainsi que la découverte d'un gisement d'or entraînent le rêve utopiste vers un second naufrage, tout aussi effroyable que celui du *Jonathan*, censé conduire les immigrés vers un monde meilleur.

Le salut vient du réalisme, de l'esprit positif, de l'humanité qui animent le Kaw-djer. Pour trouver une solution viable, il finit par imposer l'établissement de lois et l'instauration d'une hiérarchie qui anéantissent les premiers rêves égalitaires. La société de droit est l'issue proposée par Jules Verne aux idéaux fouriéristes et saint-simoniens qui, depuis le premier *Voyage extraordinaire*, constituaient la toile de fond de toutes les actions individuelles. Construire un phare est l'œuvre suprême des colons de la Magellanie, le défendre sera l'œuvre des gardiens dans *Le Phare du bout du monde*.

«A vingt ans mon idéal était de voyager»

«Cet idéal, n'ayant pu le réaliser qu'incomplètement, je me suis mis à voyager en imagination, et à la suite de Philéas Fogg, qui fit le tour du monde en quatre-vingts jours, je ne tarderai pas à l'avoir fait en quatre-vingts volumes.»

Le dernier roman écrit par Jules Verne est *Le Maître du monde*. Robur, devenu fou, atteint d'une mégalomanie sans morale, annonce, outre le rôle stratégique de la suprématie dans les airs, un siècle où le dérèglement des valeurs, conjugué à un progrès scientifique extraordinaire, engendrera horreur et démesure.

Jules Verne corrige ses derniers romans avec l'aide de Michel. Il meurt le 25 mars 1905, terrassé par une crise de diabète. Il a soixante-dix-sept ans.

«Vers l'immortalité et l'éternelle jeunesse»

Aucun représentant du gouvernement de son pays ne le suit l'écrivain dans ce dernier voyage. L'Académie, une fois de plus, reste muette. C'est Guillaume II, le Kaiser, qui se fait le porte-parole du monde entier en déclarant, alors qu'il est en mer, «qu'il aurait suivi lui-même le convoi, s'il avait pu, car il se souvenait du charme qu'il avait trouvé, dans sa jeunesse, à la lecture des œuvres du grand romancier disparu».

Dans le cimetière de la Madeleine, dominant la Somme, au bout d'une allée qui serpente sur la colline entre les mausolées des familles bourgeoises, sous une plantation d'ifs au-delà de laquelle commence l'abandon, Jules Verne, qui refuse l'invisibilité conférée par la mort, écarte son suaire du bras gauche, soulève du bras droit sa pierre tombale, masque d'une main tendue l'éclat trop violent du soleil et, torse nu, lève un regard définitif sur la ramure des arbres.

TÉMOIGNAGES
ET DOCUMENTS

Lettres de jeunesse

Du jour où Jules arrive à vingt ans à Paris jusqu'à son mariage en 1857, il entretient avec ses parents une correspondance régulière. Sa liberté d'écriture nous permet de saisir sur le vif ses préoccupations, son caractère, son esprit facétieux et son inclination pour le grotesque, le canular, le boulevard. Ces lettres sont extraites du recueil établi par Olivier Dumas en 1990.

Vendredi 29 décembre 1848.
Dès son arrivée dans la capitale, Jules est introduit par son oncle Chateaubourg dans les salons littéraires parisiens.

Paris, [vendredi] 29 Xbre 1848
Mon cher papa, ma chère maman, mes chères petites sœurs,

[...] Plus je vais chez les dames du monde littéraire, plus je vois l'immense quantité de connaissances que ses adeptes ont à leur disposition. Je veux bien qu'elles soient assez superflues, mais quoiqu'il en soit, elles donnent à la conversation je ne sais quel vernis qui en rehausse l'éclat, semblables à ces bronzes dorés, luisant vernis, dont la matière est grossière, mais qui plaisent à l'œil! Du reste, ces sortes de conversations, et de bronze, on les acquiert à bon marché! Quoi qu'il en soit, ces personnes reçues dans la plus haute société semblent être à tu et à toi avec les personnages les plus marquants de l'époque! C'est Lamartine, Marrast, Napoléon qui leur viennent serrer la main; c'est madame la comtesse d'un côté, madame la princesse de l'autre; on y parle voitures, chevaux, chiens, chasseurs, livrée, politique, littérature; on y juge les gens de points de vue fort nouveaux, mais fort souvent entachés de fausseté. Ceci, dit V. Hugo, n'est qu'une illusion d'optique, il y a des gens qui s'obstinent à prendre une chandelle pour une étoile. Ce qu'il y a de plus remarquable à mon avis, le trait de caractère qui peut surtout peindre cette société, c'est ceci! Bien qu'on cause fort amicalement de toutes sortes de sujets, bien que les opinions ne se heurtent jamais au point d'enflammer la discussion, les parties ne se font pas la plus petite concession sur leurs idées; on cause tranquillement, on se connaît d'avance; on met peu d'arguments en lumière, mais on ne se laisse jamais convaincre. Mais pour les personnes indifférentes au conflit, on essaye en arrière de les rallier à son système; j'en suis un exemple! Toutes les fois que je vais voir ensuite les personnes séparément, je n'entend plus que ces paroles : défiez-vous de Mme une telle, c'est un excellent cœur, mais c'est un esprit faux; prenez garde à M. X., il croit être versé dans cette science, et il est complètement dans l'erreur! De sorte que moi qui suis le dépositaire de toutes ces petites manœuvres, je ne dis rien, et j'en fait mon profit.

Du reste et je ne dis que ce qu'on me répète, j'ai su plaire à tout le monde! Au fait, comment ne pas me trouver charmant, quand en particulier, je me range toujours de l'avis de celui qui me parle! Je comprends que je ne puis pas avoir une opinion à moi ou je me ferais honnir! Oh! 20 ans! 20 ans! J'espère bien un jour le leur rendre. [...]

Votre fils et frère qui vous aime.

Samedi 17 janvier 1852.
Jules répond à son père qui vient de lui proposer la succession à Nantes de son cabinet d'avoué. Jules à 24 ans montre une détermination obstinée à suivre la voie qu'il s'est choisie. C'est l'occasion, en ce début d'année, de faire le point.

Paris, [samedi] 17 janvier [1852]
Mon cher papa,

Que te répondre? Je ne sais; j'ai consulté mes amis, je leur ai montré ta lettre, et leur réponse unanime a été celle-ci : toute personne qui ne serait pas dans ma position serait folle de ne pas accepter immédiatement tes propositions; mais je ne discuterai pas la certitude de mon avenir; je me bornerai à voir si je ferais bien de prendre ta charge, au point de vue moral, et matériel.

Combien de fois ne t'ai-je pas entendu te plaindre de l'instabilité des privilèges; dans un temps de bouleversement comme le nôtre, n'est-il donc pas toujours à craindre que la valeur d'une charge soit entièrement perdue; quelle serait donc la position d'un homme qui l'ayant achetée fort chère [sic] en serait dépouillé un jour. Rappelle-toi tes anxiétés, mon cher papa; je les ai vivement partagées, je le jure, et tu comprendras quelle grave hésitation j'apporte à cette affaire.

D'un autre côté, je commence à bien me connaître; ces coups de tête contre lesquels tu cherches à me prémunir, je les ferais tôt ou tard; j'en suis certain; la carrière qui me conviendrait le plus, ce serait celle que je poursuis; mes ambitions pécuniaires ne sont pas grandes; si je parviens à gagner 3 à 4 000 francs, je serais satisfait; mes désirs ne croîtront pas avec ma fortune; si je ne puis parvenir, non par manque de talent, mais par défaut de patience, par découragement, eh bien, ce qui me conviendra le plus au monde, ce sera le barreau qui me ramènerait à Paris.

Maman me parle de Mlle Prévot; est-ce que je l'aime, cette petite fille? Croyez-vous donc qu'elle fût bien heureuse avec moi; maman m'a cent fois dit qu'elle plaindrait fort ma femme; je ne suis pas encore l'homme de toutes ces choses positives; je le sens parfaitement.

J'irais causer de tout cela avec vous, si je n'étais sur le point d'être nommé secrétaire particulier du directeur du 3e théâtre lyrique, l'Opéra national, un des grands théâtres de Paris; j'ai été vivement félicité par tous mes amis de cette place qui me met forcément en rapport avec tous les directeurs, les journalistes et les auteurs; ce ne sera que 1 200 f pour commencer, mais ce sera toujours cela; il est probable que j'entrerai là dans quelques jours. Tentons donc encore ces derniers moyens, et laissons s'écouler l'année entière.

Il n'y aura pas de remaniement de personnel à la Banque; jeudi, j'ai assisté à un fort beau dîner chez M. Vernes qui m'a présenté à sa famille.

J'ai écrit à tante Mimi; j'ai vu Henri qui est fort affligé.

Adieu, mon cher papa, je suis on ne peut plus touché de tes bonnes offres; nous avons tous bien de la reconnaissance à te montrer, puisque jusqu'à présent tu nous as constamment entretenus et secourus; mais ne suis-je pas dans le vrai en raisonnant d'après mes propres impressions; c'est parce que je sais ce que je suis, que je comprends ce que je serais un jour; comment donc me charger d'une étude que tu as faite si bonne, que ne pouvant gagner entre mes mains, elle ne pourrait qu'y dépérir.

Adieu, mon cher papa, je vous embrasse tous; écrivez-moi le plus souvent possible, maman et les petites filles!

Dois-je être en deuil à cause d'Henri?
Ton fils respectueux.   Jules Verne

J'ai reçu une lettre de Mme Delaborde; (elle venait de perdre sa belle-mère, je crois) sa lettre était assez triste.

Jeudi 2 décembre 1852.
Jules a dû être fort désappointé en constatant que son travail de secrétaire du Théâtre lyrique ne serait guère rémunéré. Il s'en explique vivement avec son père à qui il avait pourtant en début d'année confié le contraire.

[Jeudi] 2 décembre 1852
Mon cher papa, je t'assure que je ne

désire qu'une seule chose au monde, c'est de sevrer ma muse et le plus tôt possible, puisque je n'ai pas de quoi en payer les mois de nourrice; quoique tu en paraisses douter, et que tu t'en plaignes amèrement, je t'assure que rien n'est plus vrai; mais j'ai hâte d'aborder le chapitre du secrétariat et des appointements.

Il faut que cette inepte ville de Nantes ne soit en partie habitée que par des crétins, des vachers, des albinos! – Quel est encore l'imbécile qui a été dire que j'étais appointé; je te jure sur l'honneur, mon cher papa, que je suis fatigué des gens qui font des cancans sur mon compte, et si je les connaissais j'irais les calotter pour leur apprendre à se mêler de ce qui les regarde! – Il faut que l'on ait pris à tâche de me nuire dans ton esprit; puisque tu parais douter à ce point, mon cher papa, de mes paroles et de mes assertions, je ne le jurerai par aucune espèce de conscience et d'honneur que je t'ai dit la vérité; je ne ferai que répéter un raisonnement fort simple :

La commission des auteurs dramatiques, dont je fais partie, ne permets [sic] pas à un directeur de jouer sur son théâtre ses propres pièces *ou celles de ses employés*; or si j'ai un opéra reçu à mon théâtre, c'est que je n'y suis qu'à titre d'amateur; si je n'y suis qu'à titre d'amateur, je ne *suis pas payé*.

Je regrette du plus profond du cœur, mon cher papa, d'être obligé vis-à-vis de toi d'employer la forme irrécusable du syllogisme, j'aurais mieux aimé te donner ma parole d'honnête homme qu'il en était ainsi; mais tu ne me croirais pas; tu

peux t'assurer de la vérité de ma logique; tu me crois capable de cachotteries pareilles; je ne sais vraiment pas quel âge j'ai, ou quel âge on me donne, mais, sur mon âme, celui qui a porté contre moi cette calomnie s'est fait un ennemi mortel, et je m'en vengerai. Voilà plusieurs fois que de semblables faits se présentent; je ne reconnais à personne, excepté à mon père et à ma mère le droit de s'occuper de moi : je suis outré qu'on ne me laisse pas en paix quand je ne m'occupe de personne, et profondément affligé que tu m'accordes moins de crédit qu'à ces gens qui ne peuvent être que des ennemis ou des imbéciles.

Oui, mon cher papa, service pour service; le directeur a besoin de moi, j'ai besoin de lui; je lui donne une partie de mon temps, il me reçoit une pièce; il est certainement vrai que d'autres se font jouer sans cela; mais si je devais faire ce métier-là à quarante ans, j'aimerais mieux me pendre! tu m'accuses de ne faire que ce qui me plaît, et de négliger le reste; si je n'agissais que selon mon bon plaisir, il y a longtemps que j'aurais été vous voir à Nantes; si je n'agissais que selon mon bon plaisir, je ne me mettrais pas gratuitement à l'attache, et je resterais à travailler chez moi! Lors de ma dernière maladie, j'ai failli avoir une rechute parce que je suis retourné trop tôt au théâtre, malgré les ordres de Marie; c'est que je comprenais qu'une plus longue absence pouvait nuire à mes intérêts, et je serais plutôt mort à la peine que de perdre le fruit de tous mes sacrifices; crois donc, mon cher papa, que je n'agis point selon mon bon plaisir, et que j'ai besoin d'autres consolations et réconforts que des accusations qui me blessent et m'affligent au plus haut point.

Si je ne t'ai pas dit que je rentrais au théâtre, lors de sa réouverture, c'est que je savais que cette fonction ne te souriait guère; elle ne me plaît pas davantage; mais je me soumets à tout pour arriver à dominer un jour. [...]

Crois donc un peu, ce que je te dis, mon cher papa; sur quel fait antérieur repose donc ta défiance présente; c'est à se désespérer que de voir les choses se passer ainsi; ta lettre m'a fait une peine dont je ne puis revenir, et elle m'a surpris au plus haut point; et je m'ingénie à trouver quels sont les gens qui me nuisent ainsi, afin de leur donner le démenti le plus complet. Ma foi, je n'aime pas déjà tant mes contemporains, et je les prendrai bientôt en grippe tout à fait. M. P. Chevalier revient de la campagne demain, j'arrangerai avec lui l'affaire du Musée, et je te serai redevable de 7,50 F; il ne pourra pas me refuser ce remboursement. Quant au paiement de mes articles, il y a encore eu là une exagération évidente, et c'est au point que je n'écrirai plus là, si l'on ne veut pas me payer mieux. J'ai ce qu'il faut pour tes primes, mon cher papa, je te l'ai dit, et je te les enverrai par la première occasion; mais je t'en prie, réponds-moi à tout ceci; j'ai besoin de paroles plus paternelles et moins soupçonneuses, car je n'ai jamais éprouvé un plus grand chagrin qu'à la réception de ta dernière lettre, mon cher papa.

Je vous embrasse bien tous, maman et les petites filles.

Ton fils respectueux
Jules Verne

Vendredi 31 décembre 1852.
Aimant provoquer sa mère, Jules adopte presque toujours avec elle un ton ludique, sa manière à lui d'être affectueux. Ici, des vœux pour l'année nouvelle, un hommage à la manière de Cyrano, 50 ans avant la création de la pièce d'Edmond Rostand.

Paris, [vendredi] 31 Xre 1852
Madame,

Je viens d'apprendre de la bouche de monsieur votre fils, que vous aviez l'intention de lui envoyer des mouchoirs; je lui ai demandé la permission de vous remercier moi-même, et il me l'a octroyée avec la gracieuseté qui le caractérise.

Je lui suis fortement attaché par des liens indissolubles, et jamais, sa vie durant, je ne me séparerai de lui; en un mot, je suis son nez; comme l'envoi de ces mouchoirs me regarde particulièrement, il m'a permis de vous écrire en cette occasion.

C'est une excellente idée que vous avez eue là, madame; nous allons entrer dans la saison des rhumes et des roupies, et il est consolant de pouvoir recueillir ce fruit des intempéries hivernales.

Je profiterai de cette occasion, madame, pour vous dire au sujet de monsieur votre fils quelques paroles bien senties; c'est un fort bon garçon, dont je suis fier; il a perdu l'habitude de m'élargir en fourrant ses doigts dans mes profondeurs, il prend au contraire soin de mes narines; il me regarde souvent dans la glace, et me trouve à son goût, sans doute, car il sourit, avec ce charme qui le distingue.

Au surplus, je n'ai pas à me plaindre; je suis peut-être un peu long, mais ma forme rappelle les camées antiques, et monsieur votre fils me fait valoir en toute occasion; quelques jeunes dames me trouvent à leur goût, et je finirai par devenir fat.

Je ne me plaindrais pas de mon sort, si, depuis quelque temps, monsieur votre fils, madame, ne relevait sa moustache en croc; il l'a [sic] caresse un peu trop, ce qui me rend excessivement jaloux; mais on ne peut tout avoir en ce monde.

D'ailleurs, madame, c'est à vous que je dois mes succès en ce monde; il paraît que je tiens beaucoup pour la forme, d'un de mes confrères qui habite entre votre front et votre bouche; il y a longtemps, hélas, que je n'ai revu ce cher ami; mais que voulez-vous, je ne puis me séparer de monsieur votre fils.

C'est un poète, dit-on; je le vois parfois occupé à faire des vers; je déteste cet exercice, car alors, ou il me tire fortement, ou m'essuye sur sa manche, ce qui m'est particulièrement désagréable; quand il aura reçu ces précieux mouchoirs que vous annoncez, j'aime à croire que je ne me plongerai plus que dans la fine baptiste de Hollande, qui va si bien à mon beau caractère.

Dans ce moment-ci, je suis un peu enchiffrené; ma narine gauche ne perçoit pas facilement les douces émanations de la rue; mais du reste ma santé est bonne, et mes sécrétions ne sont pas trop abondantes.

Monsieur votre fils me charge de toutes sortes de vœux pour vous; il remercie son père de la traite qui lui est fidèlement parvenue avec l'augmentation annuelle; il l'a immédiatement convertie en espèces ayant cours. J'apprends avec joie que les plaisirs du carnaval commencent dans ma patrie; croyez bien, madame, que je ne me serais pas fourré dans cette cohue de l'ancienne bonnetière; j'ai trop de respect pour le nom que je porte, et monsieur votre fils ne m'aurait pas compromis dans des lieux mal hantés.

Veuillez, madame, présenter mes civilités les plus mouchées aux membres correspondants de notre famille; mes frères n'oubliez pas, je vous prie, les nez des jeunes sœurs de monsieur votre fils (un bien aimable jeune homme) et soyez vis-à-vis d'eux l'interprète des vœux que je renifle pour leur bonheur.

Je suis, madame, avec de nouveaux mouchoirs,
le nez très respectueux et très long de monsieur votre fils.
Nabuco pour ampliation.

Samedi, 6 mai 1854.
Jules n'hésite pas à jouer du grotesque. Il affectionne particulièrement Rabelais comme Molière, et il aime le canular. Le point de départ de cette lettre est véridique. A sa demande réitérée pour que sa mère lui trouve un parti honorable, celle-ci a organisé pour son fils une invitation à Mortagne-sur-Sèvres, chez les parents d'une jeune châtelaine à marier...

Mortagne [samedi] 6 mai 1854
Ma chère mère,
[...] Tu te souviens de la façon désobligeante dont je fus reçu à ma première visite et dans quelle sorte de plats cette maison semble avoir l'habitude de recevoir les lettres de présentation!... Je rentrai à l'hôtel de la Double Corne, fort confus de mon premier pas; avec tout cela je ne connaissais pas encore ma prétendue, et il faudrait, me disais-je, que ses vertus fussent millionnaires, pour racheter les défauts et les ridicules de sa famille. Pour les distraire, j'allai promener mes ennuis en dehors de la ville. J'errais péniblement, le soleil m'envoyait des rayons fort railleurs, et les arbres me faisaient des grimaces, j'étais tout honteux du rôle ridiculo-conjugal que je jouais... Soudain, je fus accosté par un homme gros, mais laid laid, mais grotesque mais bête, bête mais... à manger des chardons à tous ses repas; je le reconnus immédiatement pour l'un des ancêtres d'Erménégilde (n'est-ce pas ainsi que se nomme ma fiancée). C'était effectivement son père, le notaire retiré de la circulation, l'ami du postillon! Il me frappa spirituellement sur le ventre, mais avec une violence telle que j'eus envie de rendre mon déjeuner. Il ne s'en étonna pas. C'est la manière dont on se donne la main dans ce pays pour faire connaissance. «Eh bien, me dit-il, je n'étais pas là quand ma femme vous a reçu ce matin, j'étais allé pour mon fumier!» Oouh! fis-je en aparté!... C'est trop d'honneur, monsieur, répondis-je à voix haute... – Un excellent fumier me dit-il. Je le fais moi-même avec du pissat de vache! C'est le plus clair de mon revenu! – Je n'ai pas encore eu le plaisir de voir Mlle Erménégilde, dis-je pour détourner la conversation. – Ma fille m'accompagnait, elle s'y entend

Honorine de Viane : elle devient, le 10 janvier 1857, Madame Jules Verne.

parfaitement d'ailleurs, ce fumier lui fournira sa dot, mon compère!... Le pissat de vache, voyez-vous, a des propriétés putréfiantes qui... au surplus, moi qui vous parle, j'ai aussi des propriétés... putréfiantes, pensai-je! des propriétés, continua-t-il, où je fais élever des bestiaux! Ce que je leur donne en sollicitude, ils me le rendent en fumier! Monsieur, c'est à ne pas croire le parti que l'on peut tirer de cette industrie. J'ai mon frère qui fait de la poudrette, eh bien, je crois qu'il gagne moins que votre serviteur. J'ai un agent vigoureux dans le pissat! (Il était dit que je ne pourrais détourner ce pissat) Exemple, me dit-il; il se baissa et ramassa un crottin de cheval qui flânait sur la route, il le dépouilla de ses parties ligneuses avec une aisance qui dénotait une grande habitude... Sentez, me dit-il, en me le mettant sur le nez. Je reculai avec un certain effroi! N'ayez pas peur, dit-il en riant, ça me connaît! Jolies connaissances qu'il a là, pensai-je. D'ailleurs il n'a presque pas d'odeur, et par mon génie je suis parvenu à lui en donner au moyen de ce précieux pissat qui le pourrit, le décompose, le putréfie et en fait une matière essentiellement infecte, propre... sale dis-je. – Non, propre à engraisser la terre. – Vous comprenez, me dit-il avec orgueil, que j'agis sur une grande échelle, j'ai des étangs de pissat et des montagnes de fumier, c'est au point que j'ai fait installer un bateau sur mon étang et que je m'y promène en famille, vous nous accompagnerez, vous verrez comme c'est drôle!... Cet homme, ma chère maman, cet homme a tout simplement le génie de la *M.* A ces discours nauséabonds mon cœur se souleva, je me crus non pas à Mortagne mais bien à la Villette! Il me passa des voitures Domange et compagnie à travers le cerveau, et à coup sûr j'aurais rendu mon déjeuner, si la tape de mon beau-père n'avait déjà accompli ce ruineux sacrifice.

Cependant M. X (si j'avais connu ces particularités je l'aurais nommé M. Q) avait pris mon bras sous le sien, et nous parcourions la campagne; cet homme, par une attraction toute particulière, aimait à marcher dans les chemins boueux et à raser les murs, il en résulta des rencontres et des inconvénients qui donnèrent lieu à des dissertations putrides.

Nous ne tardâmes pas à arriver à l'une de ses propriétés territoriales destinées à l'élevage des animaux domestiques! domestiques! c'est-à-dire que si un domestique se comportait avec moi comme le fit l'un de ces animaux, je l'enverrais aux galères... Enfin que ne supporterait-on pour arriver à être heureux! Pauvre Erménégilde, comme il te faudra être belle et séduisante pour que je consente à épouser en toi la personne de tes aïeux.

Ecoute-moi, ma chère mère, je suis venu à Mortagne avec les plus sages intentions du monde, mon cœur est celui d'un homme rangé, ce qui n'exclut pas la poésie, et j'étais disposé à trouver tout poétique dans cette mémorable journée; aussi quand mon beau-père me dit ; – Qu'est-ce que vous pensez de cette colline qui est enfermée dans mon parc (c'était une élévation fort verdoyante et d'un aspect enchanteur)? Aussi je lui dis sans hésiter : ce site me séduit et j'aimerais à y faire bâtir un petit hermitage sur le penchant, il me plairait d'aller avec ma promise m'y étendre au clair de lune. – Hé hé hé, fit M. X. – Comment Hé hé – Oui hé hé... c'est une colline de fumier hé hé... [...]

Ton pauvre fils tout éclopé.

Jules Verne

L'expérience théâtrale

Le 12 juin 1850, «Les Pailles rompues» sont jouées sur la scène du Théâtre lyrique (ancien Théâtre historique de Dumas père, rebaptisé fin 1848) avec «Le Chandelier» d'Alfred de Musset. Dumas fils a aidé Jules dans l'adaptation définitive de la pièce.

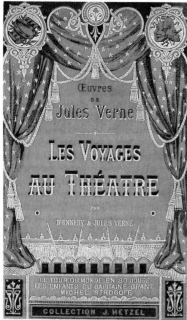

Ce sont les *Voyages* qui feront la gloire de Jules Verne au théâtre, à partir de 1874.

Jules dédie le livret à Dumas père.

A peine imprimé vif, voilà que tu m'achètes:
Je suis ton débiteur d'argent et d'amitié.
Comme ma bourse, ami, n'a jamais rien payé,
Ce sera mon cœur seul qui te paiera mes dettes!

Comédie légère à la manière de Marivaux, la pièce montre que Jules, à 22 ans, maîtrise les ficelles du théâtre de boulevard.

FRONTIN
Comprenez donc enfin, quel plaisant alliage
De deux tempéraments nous fait le mariage!
Que diable! pensez-y! car je vous dis tout net,
Que ces désagréments ne sont point de mon fait!
Toujours le mariage aigrit le caractère!
Lorsque l'un veut parler, l'autre ne veut se taire!
On s'emporte, on dispute, on se querelle, ou bien
L'un ne veut plus parler, et l'autre ne dit rien!
Tous ces ennuis là vont comme mars en carême!
Moi, je suis né garçon, et je mourrai de même!
Lorsque l'on voit les gens tremper aux mêmes pots
Une même cuiller, on peut parier gros
Que si la femme est vieille, on la trompe en cachette,
Que si l'époux est vieux, la chose est déjà faite,
Et que, s'ils ont même âge, et même intimité,
Ils se trompent tous deux, chacun de son côté!

L'hymen est un combat où jour et nuit on ruse;
Quand Madame veut ça, Monsieur le lui refuse.
Par exemple, monsieur d'Esbard veut aujourd'hui
En province emmener son épouse avec lui,
Et madame a dit non, mais a son tour désire
Certains beaux diamants; alors Monsieur, de dire
Nenni de son côté; de là, donc, des combats!
Tu viendras! – Je l'aurai! – Non, tu ne l'auras pas!
C'est à n'en pas finir!
    MARINETTE
        Si fait! J'en ai la preuve!
Le femme de Monsieur...
    FRONTIN.
        Tu veux dire sa veuve,
Car jamais, que je crois!...
    MARINETTE
        Taisez-vous donc, Frontin!
    FRONTIN
Enfin, qu'a fait Madame?
    MARINETTE
        Eh bien! l'autre matin,
Monsieur la tourmentait encor pour ce voyage,
Elle a rompu la paille, et c'est là le plus sage,
Quand on ne sait comment finir de longs débats!
    FRONTIN
Rompre la paille!... Il faut que je sois bête, hélas!
Car je ne comprends rien à ce moyen superbe!
    MARINETTE
Il n'est pas Dieu possible! on t'aura nourri d'herbe
Mon pauvre bel esprit! c'est bien simple pourtant,
Et, de Rome à Paris, il n'est pas un enfant

Qui n'ait joué ce jeu! Je t'explique la chose
En l'appliquant à nous!
    FRONTIN
        J'écoute!
    MARINETTE
        Je suppose...
Tu veux mon beau bonnet, je veux ton vieux chapeau,
Et nous nous refusons ce mutuel cadeau;
Dans ce cas nous prenons et rompons une paille.
Et dès ce moment-là, commence la bataille.
    FRONTIN
Après?
    MARINETTE
        Si tu reçois quelque objet de ma main,
Tu perds, et j'ai gagné ton vieux chapeau, Frontin
Et moi, si je reçois de ta main quelque chose...
    FRONTIN
Je gagne ton bonnet!...
         Les Pailles rompues, scène I

Les Voyages extraordinaires

Lorsque Hetzel décide de lancer avec les romans de Jules Verne une grande série sur les découvertes de la seconde moitié du XIXe siècle, il l'intitule d'abord «Voyages dans les mondes connus et inconnus». Dès décembre 1866, à l'occasion de l'édition illustrée des «Voyages et aventures du capitaine Hatteras», apparaît sur le premier plat de couverture le titre générique : «Les Voyages extraordinaires». L'ensemble représente 62 romans réunis (avec quelques nouvelles) dans la série dite du «dos au phare», en 47 volumes.

Dans un avertissement de l'éditeur, en tête des «Voyages et aventures du Capitaine Hatteras», Pierre-Jules Hetzel fait l'article de son auteur comme le ferait un bateleur de foire, personnage cher à Jules Verne.

Avertissement de l'éditeur

[...] Les critiques les plus autorisés ont salué dans M. Jules Verne un écrivain d'un tempérament exceptionnel, auquel, dès ses débuts, il n'était que juste d'assigner une place à part dans les lettres françaises. Conteur plein d'imagination et de feu, écrivain original et pur, esprit vif et prompt, égal aux plus habiles dans l'art de nouer et de dénouer les drames inattendus qui donnent un si puissant intérêt à ses hardies conceptions, et à côté de cela profondément instruit, il a créé un genre nouveau. Ce qu'on promet si souvent, ce qu'on donne si rarement, l'instruction qui amuse, l'amusement qui instruit, M. Verne le prodigue sans compter dans chacune des pages de ses émouvants récits.

Les romans de M. Jules Verne sont d'ailleurs arrivés à leur point. Quand on voit le public empressé courir aux conférences qui se sont ouvertes sur mille points de la France, quand on voit

qu'à côté des critiques d'art et de théâtre, il a fallu faire place dans nos journaux aux comptes rendus de l'Académie des Sciences, il faut bien se dire que l'art pour l'art ne suffit plus à notre époque, et que l'heure est venue où la science a sa place faite dans le domaine de la littérature.

Le mérite de M. Jules Verne, c'est d'avoir le premier et en maître, mis le pied sur cette terre nouvelle, c'est d'avoir mérité qu'un illustre savant, parlant des livres que nous publions, en ait pu dire sans flatterie : «Ces romans qui vous amuseront comme les meilleurs d'Alexandre Dumas, vous instruiront comme les livres de François Arago.»

Petits et grands, riches et pauvres, savants et ignorants, trouveront donc plaisir et profit à faire des excellents livres de M. Verne, les amis de la maison et à leur donner une place de choix dans la bibliothèque de la famille. [...]

P. -J. Hetzel

Les aventures du capitaine Hatteras

Il faut avoir de la folie pour être héroïque, mais on n'est pas fou pour autant. Au terme de ses aventures, le Capitaine Hatteras est atteint paradoxalement d'une folie polaire pour avoir gagné le nord. Voici les dernières pages du deuxième des 62 romans qui composent «Les Voyages extraordinaires».

[...] Le docteur et ses compagnons passèrent par toutes ces épreuves; ils étaient arrivés à la limite occidentale du champ de glace, se portant, se poussant les uns les autres, et ils voyaient disparaître peu à peu ce navire, sans qu'il eût remarqué leur présence. Ils l'appelaient, mais en vain!

Ce fut alors que le docteur eut une dernière inspiration de cet industrieux génie qui l'avait si bien servi jusqu'alors.

Un glaçon, pris par le courant, vint se heurter contre l'ice-field.

«Ce glaçon!» fit-il, en le montrant de la main.

On ne le comprit pas.

«Embarquons! embarquons!» s'écria-t-il.

Ce fut un éclair dans l'esprit de tous.

«Ah! monsieur Clawbonny, monsieur Clawbonny!» répétait Johnson en embrassant les mains du docteur.

Bell, aidé d'Altamont, courut au traîneau; il en rapporta l'un des montants, le planta dans le glaçon comme un mât, et le soutint avec des cordes; la tente fut déchirée pour former tant bien que mal une voile. Le vent était favorable; les malheureux abandonnés se précipitèrent sur le fragile radeau et prirent le large.

Deux heures plus tard, après des efforts inouïs, les derniers hommes du *Forward* étaient recueillis à bord du *Hans Christien*, baleinier danois, qui regagnait le détroit de Davis.

Le capitaine reçut en homme de cœur ces spectres qui n'avaient plus d'apparence humaine; à la vue de leurs souffrances, il comprit leur histoire; il leur prodigua les soins les plus attentifs, et il parvint à les conserver à la vie.

Dix jours après, Clawbonny, Johnson, Bell, Altamont et le capitaine Hatteras débarquèrent à Korsœur, dans le Seeland, en Danemark; un bateau à vapeur les conduisit à Kiel; de là, par Altona et Hambourg, ils gagnèrent Londres, où ils arrivèrent le 13 du même mois, à peine remis de leurs longues épreuves.

Le premier soin du docteur fut de demander à la Société royale géographique de Londres la faveur de lui faire une communication; il fut admis à la séance du 15 juillet.

Que l'on s'imagine l'étonnement de cette savante assemblée, et ses hurrahs enthousiastes après la lecture du document d'Hatteras.

Ce voyage, unique dans son espèce, sans précédents dans les fastes de l'histoire, résumait toutes les découvertes antérieures faites au sein des régions circumpolaires; il reliait entre elles les expéditions des Parry, des Ross, des Franklin, des Mac-Clure; il complétait, entre le centième et le cent quinzième méridien, la carte des contrées hyperboréennes, et enfin il aboutissait à ce point du globe inaccessible jusqu'alors, au pôle même.

Jamais, non, jamais nouvelle aussi inattendue n'éclata au sein de l'Angleterre stupéfaite!

Les Anglais sont passionnés pour ces grands faits géographiques; ils se sentirent émus et fiers, depuis le lord jusqu'au cokney, depuis le prince-merchant jusqu'à l'ouvrier des docks.

La nouvelle de la grande découverte courut sur tous les fils télégraphiques du Royaume-Uni avec la rapidité de la foudre; les journaux inscrivirent le nom d'Hatteras en tête de leurs colonnes comme celui d'un martyr, et l'Angleterre tressaillit d'orgueil.

On fêta le docteur et ses compagnons, qui furent présentés à Sa Gracieuse Majesté par le lord Grand-Chancelier, en audience solennelle.

Le gouvernement confirma les noms d'île de la Reine, pour le rocher du pôle nord, de Mont-Hatteras, décerné au volcan lui-même, et d'Altamont-Harbourg, donné au port de la Nouvelle-Amérique.

Altamont ne se sépara plus de ses compagnons de misère et de gloire, devenus ses amis; il suivit le docteur, Bell et Johnson à Liverpool, qui les acclama à leur retour, après les avoir si longtemps crus morts et ensevelis dans les glaces éternelles.

Mais cette gloire, le docteur Clawbonny la rapporta sans cesse à celui qui la méritait entre tous. Dans la relation de son voyage, intitulée : «The English at the North-Pole,» publiée l'année suivante par les soins de la Société royale de géographie, il fit de

John Hatteras l'égal des plus grands voyageurs, l'émule de ces hommes audacieux qui se sacrifient tout entiers aux progrès de la science.

Cependant, cette triste victime d'une sublime passion vivait paisiblement dans la maison de santé de Sten-Cottage, près de Liverpool, où son ami le docteur l'avait installé lui-même. Sa folie était douce, mais il ne parlait pas, il ne comprenait plus, et sa parole semblait s'être en allée avec sa raison. Un seul sentiment le rattachait au monde extérieur, son amitié pour Duk, dont on n'avait pas voulu le séparer.

Cette maladie, cette «folie polaire», suivait donc tranquillement son cours et ne présentait aucun symptôme particulier, quand, un jour, le docteur Clawbonny, qui visitait souvent son pauvre malade, fut frappé de son allure.

Depuis quelques temps, le capitaine Hatteras, suivi de son fidèle chien qui le regardait d'un œil doux et triste, se promenait chaque jour pendant de longues heures; mais sa promenade s'accomplissait invariablement suivant un sens déterminé et dans la direction d'une certaine allée de Sten-Cottage. Le capitaine, une fois arrivé à l'extrémité de l'allée, revenait à reculons. Quelqu'un l'arrêtait-il? il montrait du doigt un point fixe dans le ciel. Voulait-on l'obliger à se retourner? il s'irritait, et Duk, partageant sa colère, aboyait avec fureur.

Le docteur observa attentivement une manie si bizarre, et il comprit bientôt le motif de cette obstination singulière; il devina pourquoi cette promenade s'accomplissait dans une direction constante, et, pour ainsi dire, sous l'influence d'une force magnétique.

Le capitaine John Hatteras marchait invariablement vers le Nord.

Les Aventures du capitaine Hatteras
1864-1865

Autour de la Lune

Dans les deux romans consacrés au voyage lunaire, «De la Terre à la Lune» et «Autour de la Lune», Jules Verne s'est particulièrement attaché à rester le plus juste, le plus complet et le plus prévisionnel possible, tenant compte méticuleusement de toutes les connaissances à sa disposition. Il ne quitte pas, toutefois, ce ton très dégagé qui lui est caractéristique. Nous assistons ici à une petite leçon sur la pesanteur et l'apesanteur.

[...] Puis ils causèrent de tous ces phénomènes qui les émerveillaient coup sur coup. Cette neutralisation des lois de la pesanteur surtout, ils ne tarissaient pas à son propos. Michel Ardan, toujours enthousiaste, voulait en tirer des conséquences qui n'étaient que fantaisie pure.

«Ah! mes dignes amis, s'écria-t-il, quel progrès si l'on pouvait ainsi se débarrasser, sur Terre, de cette pesanteur, de cette chaîne qui vous rive à elle! Ce serait le prisonnier devenu libre! Plus de fatigues, ni des bras, ni des jambes. Et, s'il est vrai que pour voler à la surface de la Terre, pour se soutenir dans l'air par le simple jeu des muscles, il faille une force cent cinquante fois supérieure à celle que nous possédons, un simple acte de la volonté, un caprice nous transporterait dans l'espace, si l'attraction n'existait pas.

– En effet, dit Nicholl en riant, si l'on parvenait à supprimer la pesanteur comme on supprime la douleur par l'anesthésie, voilà qui changerait la face des sociétés modernes!

– Oui, s'écria Michel, tout plein de son sujet, détruisons la pesanteur, et plus de fardeaux! Partant, plus de grues, de crics, de cabestans, de manivelles et autres engins qui n'auraient pas raison d'être!

– Bien dit, répliqua Barbicane, mais si rien ne pesait plus, rien ne tiendrait plus, pas plus ton chapeau sur ta tête, digne Michel, que ta maison dont les pierres n'adhèrent que par leur poids! Pas de bateaux dont la stabilité sur les eaux n'est qu'une conséquence de la pesanteur. Pas même d'Océan, dont les flots ne seraient plus équilibrés par l'attraction terrestre. Enfin pas d'atmosphère, dont les molécules n'étant plus retenues se disperseraient dans l'espace!

– Voilà qui est fâcheux, répliqua Michel. Rien de tel que ces gens positifs pour vous ramener brutalement à la réalité.

– Mais console-toi, Michel, reprit Barbicane, car si aucun astre n'existe plus d'où soient bannies les lois de la pesanteur, tu vas, du moins, en visiter un où la pesanteur est beaucoup moindre que sur terre.

– La Lune?

– Oui, la Lune, à la surface de laquelle les objets pèsent six fois moins qu'à la surface de la Terre, phénomène très facile à constater.

– Et nous nous en apercevrons? demanda Michel.

– Evidemment, puisque deux cents kilogrammes n'en pèsent que trente à la surface de la Lune.

– Et notre force musculaire n'y diminuera pas?

– Aucunement. Au lieu de t'élever à un mètre en sautant, tu t'éléveras à dix-huit pieds de hauteur.

– Mais nous serons des Hercules dans la Lune! s'écria Michel.

– D'autant plus, répondit Nicholl, que si la taille des Sélénites est proportionnelle à la masse de leur globe, ils seront hauts d'un pied à peine.

– Des Lilliputiens! répliqua Michel. Je vais donc jouer le rôle de Gulliver! Nous allons réaliser la fable des géants! Voilà l'avantage de quitter sa planète et de courir le monde solaire.

– Un instant, Michel, répondit Barbicane. Si tu veux jouer les Gulliver ne visite que les planètes inférieures, telles que Mercure, Vénus ou Mars, dont la masse est un peu moindre que celle de la Terre. Mais ne te hasarde pas dans les grandes planètes, Jupiter, Saturne, Uranus, Neptune, car là les rôles seraient intervertis, et tu deviendrais Lilliputien.

– Et dans le Soleil?

– Dans le Soleil, si sa densité est quatre fois moindre que celle de la Terre, son volume est treize cent vingt-quatre mille fois plus considérable, et l'attraction y est vingt-sept fois plus grande qu'à la surface de notre globe. Toute proportion gardée, les habitants y devraient avoir en moyenne deux cents pieds de haut.

– Mille diables! s'écria Michel. Je ne

serais plus qu'un pygmée, un mirmidon!
– Gulliver chez les géants, dit Nicholl.
– Juste! répondit Barbicane.
– Et il ne serait pas inutile d'emporter quelques pièces d'artillerie pour se défendre.
– Bon! répliqua Barbicane, tes boulets ne feraient aucun effet dans le Soleil, et ils tomberaient sur le sol au bout de quelques mètres.
– Voilà qui est fort!
– Voilà qui est certain, répondit Barbicane. L'attraction est si considérable sur cet astre énorme, qu'un objet pesant soixante-dix kilogrammes sur la Terre, en pèserait dix-neuf cent trente à la surface du Soleil. Ton chapeau, une dizaine de kilogrammes! Ton cigare, une demi-livre. Enfin si tu tombais sur le continent solaire, ton poids serait tel – deux mille cinq cents kilos environ – que tu ne pourrais pas te relever!
– Diable! fit Michel. Il faudrait alors avoir une petite grue portative! Eh bien! mes amis, contentons-nous de la Lune pour aujourd'hui. Là, au moins, nous ferons grande figure! Plus tard, nous verrons s'il faut aller dans ce Soleil, où l'on ne peut boire sans un cabestan pour hisser son verre à sa bouche.

Autour de la Lune,
1869

Mathias Sandorf

En 1884, au large de Malte, Jules Verne et le «Saint-Michel III» essuient une violente tempête. Elle devient dans «Mathias Sandorf» l'occasion d'une rencontre providentielle par l'effet d'un exploit dans la tourmente. Sandorf, sous le pseudonyme du Dr Antékirtt, et Luigi Ferrato, le fils du pêcheur qui lui sauva la vie vingt ans auparavant, se trouvent face à face.

[...] «Hisse la trinquette!... Hisse le grand foc!... Hisse la brigantine!»

Tels furent les ordres donnés par le capitaine Köstrik, qui ne pouvait plus disposer que de sa voilure pour se relever, – ordres auxquels l'équipage s'empressa d'obéir en manœuvrant dans un admirable ensemble. Si Pointe Pescade, avec son agilité, si son compagnon, avec sa force prodigieuse, lui vinrent en aide, cela va sans dire. Les drisses eussent plutôt cassé que de ne pas céder aux pesées de Cap Matifou.

Mais la situation du *Ferrato* n'en était pas moins très compromise. Un bateau à vapeur, avec ses formes allongées, son manque de largeur, son peu de tirant d'eau, sa voilure généralement insuffisante, n'est pas fait pour naviguer contre le vent ou biaiser avec lui. S'il lui faut courir au plus près, pour peu que la mer soit dure, il risque de manquer ses virages et de se mettre au plein.

C'est ce qui menaçait le *Ferrato*. Outre qu'il éprouvait de réelles

difficultés à faire de la toile, il lui était impossible de revenir dans l'ouest contre le vent. Peu à peu, poussé vers le pied des falaises, il semblait n'avoir plus qu'à choisir l'endroit où il ferait côte dans les moins mauvaises conditions. Malheureusement, par cette nuit profonde, le capitaine Köstrik ne pouvait rien reconnaître de la disposition du littoral. Il savait bien que deux canaux séparent l'île Gozzo de l'île de Malte, de chaque côté d'un îlot central, l'un le North Comino, l'autre le South Comino. Mais de trouver leur ouverture au milieu de ces ténèbres, de s'y lancer à travers cette mer furieuse pour aller chercher l'abri de la côte orientale de l'île et peut-être atteindre le port de La Vallette, était-ce possible? Un pilote, un pratique, eussent seuls pu tenter une si périlleuse manœuvre. Et dans cette sombre atmosphère, par cette nuit de pluie et de brumailles, quel pêcheur se fût hasardé à venir jusqu'au navire en perdition.

Cependant, le sifflet d'alarme du steam-yacht jetait au milieu des brouhahas du vent d'assourdissants appels, et trois coups de canon furent successivement tirés.

Soudain, du côté de la terre, un point noir apparut dans les brumes. Une embarcation s'avançait vers le *Ferrato*, sa voile au bas ris. C'était, sans doute, quelque pêcheur que la tempête avait obligé à se réfugier au fond de la petite anse de Melléah. Là, son canot à l'abri des rochers, réfugié dans cette admirable grotte de Calypso, qui pourrait être comparée à la grotte de Fingal des Hébrides, il avait entendu les sifflets et le canon de détresse.

Aussitôt, au risque de sa vie, cet homme n'avait pas hésité à se porter au secours du steam-yacht à demi désemparé. Si le *Ferrato* pouvait être sauvé, il ne pouvait l'être que par lui.

Peu à peu l'embarcation s'approchait. Une amarre fut préparée à bord pour lui être lancée, au moment où elle accosterait. Il y eut là quelques minutes qui parurent être interminables. On n'était plus qu'à une demi-encablure des récifs.

A ce moment, l'amarre fut lancée; mais une énorme lame, soulevant l'embarcation, la précipita contre les flancs du *Ferrato*. Elle fut mise en pièces, et le pêcheur qui la montait aurait certainement péri, si Cap Matifou ne l'eût retenu, enlevé à bout de bras, déposé sur le pont, comme il aurait fait d'un enfant.

Alors, sans prononcer une parole, – en aurait-il eu le temps? – ce pêcheur sauta sur la passerelle, saisit la roue du gouvernail, et, au moment où, son avant tourné vers les roches, le *Ferrato* allait s'y briser, il prenait du tour, il donnait dans l'étroite passe du canal de North Comino, il la traversait vent arrière, et, en moins de vingt minutes, il se retrouvait sur la côte est de Malte dans une mer plus calme. Alors, ses écoutes bordées, il longea la terre à moins d'un demi-mille. Puis, vers quatre heures du matin, lorsque les premières lueurs du jour commençaient à blanchir à l'horizon du large, il suivait le chenal de La Vallette, et mouillait au quai de la Senglea, à l'entrée du port militaire.

Le docteur Antékirtt monta alors sur la passerelle, et, s'adressant au jeune marin :

«Vous nous avez sauvés, mon ami, dit-il.
– Je n'ai fait que mon devoir.
– Etes-vous pilote?
– Non, je ne suis qu'un pêcheur.
– Et vous vous nommez?...
– Luigi Ferrato!»

Mathias Sandorf,
1885

Vingt mille lieues sous les mers

Dans un article qu'il fait paraître en 1961, Ray Bradbury, l'un des plus célèbres écrivains de la science fiction américaine, compare le capitaine Nemo de Jules Verne dans «Vingt mille lieues sous les mers» au capitaine Achab de Herman Melville dans «Moby Dick». Bradbury révèle comment Nemo et son «Nautilus» commencent leurs aventures là où s'achève celle d'Achab et Moby Dick. «Moby Dick ou la baleine blanche» était paru en anglais en 1851.

[...] Le Capitaine Achab, un fou.
Le Capitaine Nemo, autre fou.
Moby Dick, la grande Baleine Blanche.

Voyez comme ces deux hommes «diaboliques» profèrent leur «blasphème».

«Je m'appelle Ishmaël.»

Melville se lance donc dans sa quête de Moby Dick. Dans son premier chapitre, nous lisons :

«Pourquoi vous-mêmes, quand vous avez fait votre premier voyage comme passager, avez-vous ressenti un si mystérieux frémissement lorsqu'on est venu vous dire que votre navire et vous étiez maintenant en pleine mer? Pourquoi les anciens Perses ont-ils tenu la mer pour sacrée? Pourquoi les anciens Grecs lui ont-ils donné un dieu particulier : le propre frère de Jupiter? Cela signifie bien quelque chose! Et le plus beau de tout est encore dans cette histoire de Narcisse qui, désespéré par l'insaisissable et calme image qui se reflétait dans la fontaine, s'y jeta et fut noyé. Ce libre reflet de nous-mêmes, nous le voyons dans toutes les rivières et tous les océans. C'est le fantôme volant de la vie. Voilà la clef de tout!»

Pourquoi Ishmaël prend-il la mer?

«Un des premiers de ces mobiles était la prodigieuse image de la grande baleine elle-même. Ce monstre étrange et mystérieux éveille toute ma curiosité. Et puis les lointaines mers sauvages où il roule sa masse – grosse comme une île – et le péril sans nom qu'il ne cesse d'être. Tout cela, et aussi les émerveillements que j'attendais des paysages et des vents patagoniens, contribuait à me jeter vers mon désir... Pour toutes ces raisons donc, le voyage à la baleine était le bienvenu. Les grandes écluses du monde des merveilles s'ouvraient devant moi, et,

Le professeur Aronnax est représenté sous les traits de Jules Verne.

dans les folles imaginations qui me faisaient pencher vers mon désir, deux par deux entraient en flottant dans le secret de mon âme des processions sans fin de baleines avec, au milieu, le grand fantôme blanc de l'une d'elles, pareil à une colline de neige dans le ciel.»

Dans *Vingt mille lieues sous les mers*, Jules Verne débute ainsi :

«L'année 1866 fut marquée par un événement bizarre, un phénomène inexpliqué et inexplicable que personne n'a sans doute oublié… En effet, depuis quelque temps, plusieurs navires s'étaient rencontrés sur mer avec «une chose énorme», un objet long, fusiforme, parfois phosphorescent, infiniment plus vaste et plus rapide qu'une baleine.»

Verne poursuit :

«Les faits relatifs à cette apparition, consignés aux divers livres de bord, s'accordaient assez exactement sur la structure de l'objet ou de l'être en question, la vitesse inouïe de ses mouvements, la puissance surprenante de sa locomotion, la vie particulière dont il semblait doué. Si c'était un cétacé, il surpassait en volume tous ceux que la science avait classés jusqu'alors… Or, il existait, le fait en lui-même n'était plus niable, et, avec ce penchant qui pousse au merveilleux la cervelle humaine, on comprendra l'émotion produite dans le monde entier par cette surnaturelle apparition.»

Ainsi donc deux livres commencent. L'un et l'autre sur le même registre, l'un et l'autre frappant des accords dont l'écho pourrait resurgir dans la structure du livre à suivre. Et pourtant, fugitivement, nous percevons les différences. Bientôt, nous comprenons que si l'oncle Jules est atteint d'une folie douce, le cousin Herman, lui, est incurable.

Nous levons l'ancre avec Ishmaël, à son insu prisonnier des griffes du sauvage Achab, à la recherche de quelque vérité universelle qui va prendre la forme d'un monstre terrifiant de blancheur nommé Moby Dick.

Presque en même temps, nous appareillons avec le professeur Aronnax, Ned Land et Conseil sur l'*Abraham Lincoln*, en quête de cet autre mystère qui «partout dans les grands centres,… devint à la mode; on le chanta dans les cafés, on le bafoua dans les journaux, on le joua sur les théâtres. Les canards eurent là une belle occasion de pondre des œufs de toute couleur. On vit réapparaître dans les journaux – à court de copie – tous les êtres imaginaires et gigantesques, depuis la baleine blanche, le terrible «Moby Dick» des régions hyperboréennes jusqu'au Kraken démesuré…».

Ainsi soupçonnons-nous l'esprit de l'oncle Jules d'avoir un jour rejoint celui du cousin Herman.

Mais sans échange véritable, sans fusion intégrale de leurs folies.

M. Verne suivra sa propre méthode pour assouvir sa vengeance «civilisée», laissant Melville à ses terreurs et à ses plaintes shakespeariennes.

Nous ne rencontrons pas Moby Dick face à face, nous savons simplement rétrospectivement, bien plus tard dans Melville, que par elle Achab eut la jambe arrachée.

Mais Jules Verne, au chapitre VI de *Vingt mille lieues sous les mers* fait surgir à nos yeux son «monstre» qui avale nos Jonas corps et biens.

Achevant ainsi le conte comme l'aurait achevé Melville?

Non, entreprenant ainsi de nous montrer l'abîme qui sépare l'étrange écrivain français d'essence américaine, et l'écrivain-marin hanté de Nouvelle-Angleterre, voué à se muer bientôt en agent des douanes désespéré. [...]

Ray Bradbury

Au chapitre XVIII de «Vingt mille lieues sous les mers», Nemo est confronté à un autre monstre marin : le poulpe géant.

[...] Tout à coup le *Nautilus* s'arrêta. Un choc le fit tressaillir dans toute sa membrure.

«Est-ce que nous avons touché? demandai-je.

— En tout cas, répondit le Canadien, nous serions déjà dégagés, car nous flottons.»

Le *Nautilus* flottait sans doute, mais il ne marchait plus. Les branches de son hélice ne battaient pas les flots. Une minute se passa. Le capitaine Nemo, suivi de son second, entra dans le salon.

Je ne l'avais pas vu depuis quelque temps. Il me parut sombre. Sans nous parler, sans nous voir peut-être, il alla au panneau, regarda les poulpes et dit quelques mots à son second.

Celui-ci sortit. Bientôt les panneaux se refermèrent. Le plafond s'illumina.

J'allai vers le capitaine.

«Une curieuse collection de poulpes, lui dis-je, du ton dégagé que prendrait un amateur devant le cristal d'un aquarium.

— En effet, monsieur le naturaliste, me répondit-il, et nous allons les combattre corps à corps.»

Je regardai le capitaine. Je croyais n'avoir pas bien entendu.

«Corps à corps? répétai-je.

— Oui, monsieur. L'hélice est arrêtée. Je pense que les mandibules cornées de l'un de ces calmars se sont engagées dans ses branches. Ce qui nous empêche de marcher.

— Et qu'allez-vous faire?

— Remonter à la surface et massacrer toute cette vermine.

— Entreprise difficile.

— En effet. Les balles électriques sont impuissantes contre ces chairs molles où elles ne trouvent pas assez de résistance pour éclater. Mais nous les attaquerons à la hache.

— Et au harpon, monsieur, dit le Canadien, si vous ne refusez pas mon aide.

— Je l'accepte, maître Land.

— Nous vous accompagnerons», dis-je, et, suivant le capitaine Nemo, nous nous dirigeâmes vers l'escalier central.

Là, une dizaine d'hommes, armés de haches d'abordage, se tenaient prêts à l'attaque. Conseil et moi, nous prîmes deux haches. Ned Land saisit un harpon.

Le *Nautilus* était alors revenu à la surface des flots. Un des marins, placé

sur les derniers échelons, dévissait les boulons du panneau. Mais les écrous étaient à peine dégagés, que le panneau se releva avec une violence extrême, évidemment tiré par la ventouse d'un bras de poulpe.

Aussitôt un de ces longs bras se glissa comme un serpent par l'ouverture, et vingt autres s'agitèrent au-dessus. D'un coup de hache, le capitaine Nemo coupa ce formidable tentacule, qui glissa sur les échelons en se tordant.

Au moment où nous nous pressions les uns sur les autres pour atteindre la plate-forme, deux autres bras, cinglant l'air, s'abattirent sur le marin placé devant le capitaine Nemo et l'enlevèrent avec une violence irrésistible.

Le capitaine Nemo poussa un cri et s'élança au-dehors. Nous nous étions précipités à sa suite.

Quelle scène! Le malheureux, saisi par le tentacule et collé à ses ventouses, était balancé dans l'air au caprice de cette énorme trompe. Il râlait, il étouffait, il criait : «A moi! à moi!» Ces mots, *prononcés en français*, me causèrent une profonde stupeur! J'avais donc un compatriote à bord, plusieurs, peut-être! Cet appel déchirant, je l'entendrai toute ma vie!

L'infortuné était perdu. Qui pouvait l'arracher à cette puissante étreinte? Cependant le capitaine Nemo s'était précipité sur le poulpe, et, d'un coup de hache, il lui avait encore abattu un bras. Son second luttait avec rage contre d'autres monstres qui rampaient sur les flancs du *Nautilus*. L'équipage se battait à coups de hache. Le Canadien, Conseil et moi, nous enfoncions nos armes dans ces masses charnues. Une violente odeur de musc pénétrait l'atmosphère. C'était horrible.

Un instant, je crus que le malheureux, enlacé par le poulpe, serait arraché à sa

puissance succion. Sept bras sur huit avaient été coupés. Un seul, brandissant la victime comme une plume, se tordait dans l'air. Mais au moment où le capitaine Nemo et son second se précipitaient sur lui, l'animal lança une colonne d'un liquide noirâtre, sécrété par une bourse située dans son abdomen. Nous en fûmes aveuglés. Quand ce nuage se fut dissipé, le calmar avait disparu, et avec lui mon infortuné compatriote.

Quelle rage nous poussa alors contre ces monstres! On ne se possédait plus. Dix ou douze poulpes avaient envahi la plate-forme et les flancs du *Nautilus*. Nous roulions pêle-mêle au milieu de ces tronçons de serpents qui tressautaient sur la plate-forme dans des flots de sang et d'encre noire. Il semblait que ces visqueux tentacules renaissaient comme les bêtes de l'hydre. Le harpon de Ned Land, à chaque coup, se plongeait dans les yeux glauques des calmars et les crevait. Mais mon audacieux compagnon fut soudain renversé par les tentacules d'un monstre qu'il n'avait pu éviter.

Ah! comment mon cœur ne s'est-il pas brisé d'émotion et d'horreur! Le formidable bec du calmar s'était ouvert sur Ned Land. Ce malheureux allait être coupé en deux. Je me précipitai à son secours. Mais le capitaine Nemo m'avait devancé. Sa hache disparut entre les deux énormes mandibules, et miraculeusement sauvé, le Canadien, se relevant, plongea son harpon tout entier jusqu'au triple cœur du poulpe.

«Je me devais cette revanche!» dit le capitaine Nemo au Canadien.

Ned s'inclina sans lui répondre;
Ce combat avait duré un quart d'heure. Les monstres vaincus, mutilés, frappés à mort, nous laissèrent enfin place et disparurent sous les flots.

Le capitaine Nemo, rouge de sang, immobile près du fanal, regardait la mer qui avait englouti l'un de ses compagnons, et de grosses larmes coulaient de ses yeux.

Vingt mille lieues sous les mers, chap. XVIII

Le Tour du monde en quatre-vingts jours

En 1936, Jean Cocteau et Marcel Khill se transforment en Philéas Fogg et Passepartout pour entreprendre le «Tour du monde en 80 jours», d'après l'itinéraire du roman et dans l'esprit multicolore d'une mise en scène au théâtre du Châtelet.

[...] Je relevais de maladie. Nous projetâmes, Marcel Khill et moi, de poursuivre notre timide essai de reportage – en barque de pêche sur la Méditerranée – et de prendre le large, n'importe lequel.

La première idée de ce Tour du Monde est due à Khill que j'appellerai désormais Passepartout. Il s'agissait de partir sur les traces des héros de Jules Verne pour fêter son centenaire et flâner quatre-vingts jours.

Quatre-vingts jours! nous crûmes que cette course à l'abîme de 1876 serait, en 1936, une lente promenade et des haltes paresseuses dans chaque port.

Jean Prouvost, directeur de *Paris-Soir*, accepta. Le journal mit le projet à l'étude et s'aperçut que ces fameux quatre-vingts jours étaient une réalité avant la lettre, un rêve de Jules Verne, au même titre que ses phonographes, ses aéroplanes, ses sous-marins, ses scaphandriers. Tout le monde y croyait à cause de la force persuasive des chefs-d'œuvre. Or, en serrant les correspondances et en s'interdisant le vol, il faut, pour tenir en 1936 la gageure de Philéas Fogg et suivre réellement sa route idéale, quatre-vingts jours, ni plus, ni moins.

Jean Cocteau,
préface au
Tour du monde en 80 jours

La relation que fait Cocteau du voyage en train de Bombay à Calcutta est à l'image d'un pays qui lui colle à la peau.

A une heure le train. Et je croyais avoir chaud sur le bassin d'Arcachon, jadis, en lisant Kim! Du train on voit notre bateau à quai, ses pavillons, ses passerelles, toujours comme au Châtelet qui m'a donné une idée si juste de ce voyage.

Les porteurs insupportables exigent des pourboires supplémentaires. Passepartout les menace. Ils se sauvent. Ils reviennent coller leurs figures aux vitres du wagon-restaurant où l'on ne peut que s'évanouir, c'est le terme exact, de chaque côté d'une table.

Je ne savais pas qu'une chaleur pareille était possible, que l'on pouvait vivre dans cette zone maudite. Le train s'ébranle. Je distingue, au passage, les vieux canons où Kim est à cheval, lorsque son histoire commence.

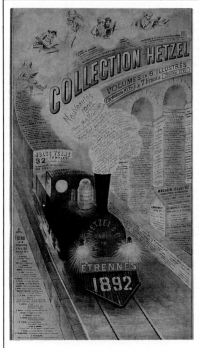

Et l'incendie des Indes chauffe à blanc les tôles, les vitres, les bois, nous couvre d'une colle qui ruisselle, hausse jusqu'à l'écœurement une température dont les ventilateurs battent la pâte gluante.

Non prévenus des habitudes de ce supplice, nous laissons la fenêtre ouverte. Nous somnolons et nous réveillons, recouverts d'une croûte grise, la bouche, les oreilles, les poumons, les cheveux, pleins de la cendre du feu qui enveloppe notre course. Cet enfer, à peine entrecoupé de douches d'eau froide qui devient bouillante et de morceaux de glace qui fondent et deviennent eau chaude, sera tout ce que M. Fogg et Passepartout auront le droit de connaître des Indes. Ils les traversent dans une machine qui saute des obstacles (à cause de l'écartement excessif des rails qui doivent pouvoir jouer et se rapprocher sous l'influence de flammes invisibles).

Ne plus bouger d'un millimètre. Blé, riz, rizières, village de crotte, travail agricole des damnés de cet enfer. Geais bleu turquoise et noir, cocotiers de temps en temps et les arbres à belles ombres bucoliques reprennent. Quelquefois, un seul cèdre rend la justice dans un désert.

Les gares. Les chemises aux pans libres. Les parapluies. Ouvriers qui se lavent et se frottent avec les poings. Ensuite, ils piétinent leur linge et le tordent. Toujours le bétail des femmes. Aveugles conduits par des enfants. La chaleur devient moins folle. Nuit presque fraîche. Le lendemain, l'enfer redouble.

Jean Cocteau,
Le Tour du monde en 80 jours

Le même trajet, vu par Jules Verne.

Le train était parti à l'heure réglementaire. Il emportait un certain nombre de voyageurs, quelques officiers, des fonctionnaires civils et des négociants en opium et en indigo, que leur commerce appelait dans la partie orientale de la péninsule.

Passepartout occupait le même compartiment que son maître. Un troisième voyageur se trouvait placé dans le coin opposé.

C'était le brigadier général, sir Francis Cromarty, l'un des partenaires de Mr. Fogg pendant la traversée de Suez à Bombay, qui rejoignait ses troupes cantonnées auprès de Bénarès.

Sir Francis Cromarty, grand, blond, âgé de cinquante ans environ, qui s'était fort distingué pendant la dernière révolte des cipayes, eût véritablement mérité la qualification d'indigène. Depuis son jeune âge, il habitait l'Inde et n'avait fait que de rares apparitions dans son pays natal. C'était un homme instruit, qui aurait volontiers donné des renseignements sur les coutumes, l'histoire, l'organisation du pays indou, si Philéas Fogg eût été homme à les demander. Mais ce gentleman ne demandait rien. Il ne voyageait pas, il décrivait une circonférence. C'était un corps grave, parcourant une orbite autour du globe terrestre, suivant les lois de la mécanique rationnelle. En ce moment, il refaisait dans son esprit le calcul des heures dépensées depuis son départ de Londres, et il se fût frotté les mains, s'il eût été dans sa nature de faire un mouvement inutile.

Sir Francis Cromarty n'était pas sans avoir reconnu l'originalité de son compagnon de route, bien qu'il ne l'eut étudié que les cartes à la main et entre deux robbres. Il était donc fondé à se demander si un cœur humain battait sous cette froide enveloppe, si Philéas Fogg avait une âme sensible aux beautés de la nature, aux aspirations morales. Pour lui, cela faisait question. De tous les originaux que le brigadier général avait rencontrés, aucun n'était comparable à ce produit des sciences exactes.

Philéas Fogg n'avait point caché à sir Francis Cromarty son projet de voyage autour du monde, ni dans quelles conditions il l'opérait. Le brigadier général ne vit dans ce pari qu'une excentricité sans but utile et à laquelle manquerait nécessairement le *transire benefaciendo* qui doit guider tout homme raisonnable. Au train dont marchait le bizarre gentleman, il passerait évidemment sans «rien faire», ni pour lui, ni pour les autres. [...]

Passepartout, réveillé, regardait, et ne pouvait croire qu'il traversait le pays des Indous dans un train du «Great peninsular railway». Cela lui paraissait invraisemblable. Et cependant rien de plus réel! La locomotive, dirigée par le bras d'un mécanicien anglais et chauffée de houille anglaise, lançait sa fumée sur les plantations de cotonniers, de caféiers, de muscadiers, de girofliers, de poivriers rouges. La vapeur se contournait en spirales autour des groupes de palmiers, entre lesquels apparaissaient de pittoresques bungalows, quelques viharis, sortes de monastères abandonnés, et des temples merveilleux qu'enrichissait l'inépuisable ornementation de l'architecture indienne. Puis, d'immenses étendues de terrain se dessinaient à perte de vue, des jungles où ne manquaient ni les serpents ni les tigres qu'épouvantaient les hennissements du train, et enfin des forêts, fendues par le tracé de la voie, encore hantées d'éléphants, qui, d'un œil pensif, regardaient passer le convoi échevelé. [...]

Jules Verne,
Le Tour du monde en quatre-vingts jours

Cocteau voyage en journaliste, Jules Verne est romancier de l'aventure. Cocteau conclut :

Ce voyage n'est pas dédié aux décors mais au temps. A des héros d'une entreprise abstraite qui met en œuvre l'heure, la distance, les longitudes, les méridiens, la géographie, la géométrie, etc.

Jules Verne jamais ne parle de la chaleur, du mal de mer. Il invente le détective Fix qui est une trouvaille étonnante. Oui, toujours on est suspect, on a l'air drôle, dès qu'on se trouve engagé dans un mécanisme qui diffère du mécanisme habituel.

Jean Cocteau,
Le Tour du monde en 80 jours

Voyages avec la Mort

«Frritt-Flacc», paru dans le Figaro illustré en décembre 1884, est une courte nouvelle dans laquelle Jules Verne joue avec la mort, à la manière d'Edgar Poe. C'est l'époque où il écrit «Mathias Sandorf» et songe au «Château des Carpathes», la période bientôt la plus noire de sa vie.

I

Frritt!... c'est le vent qui se déchaîne.

Flacc!... c'est la pluie qui tombe à torrents.

Cette rafale mugissante courbe les arbres de la côte volsinienne et va se briser contre le flanc des montagnes de Crimma. Le long du littoral, de hautes roches sont incessamment rongées par les lames de cette vaste mer de la Mégalocride.

Frritt!... Flacc!...

Au fond du port se cache la petite ville de Luktrop. Quelques centaines de maisons, avec miradors verdâtres, qui les défendent tant bien que mal contre les vents du large. Quatre ou cinq rues montantes, plus ravines que rues, pavées de galets, souillées de scories que projettent les cônes éruptifs de l'arrière-plan. Le volcan n'est pas loin – le Vanglor. Pendant le jour, la poussée intérieure s'épanche sous forme de vapeurs sulfurées. Pendant la nuit, de minute en minute, gros vomissement de flammes. Comme un phare, d'une portée de cent cinquante kertses, le Vanglor signale le port de Luktrop aux caboteurs, felzanes, verliches ou balanzes, dont l'étrave scie les eaux de la Mégalocride.

De l'autre côté de la ville s'entassent quelques ruines de l'époque crimmérienne. Puis, au faubourg d'aspect arabe, une casbah, à murs blancs, à toits ronds, à terrasses dévorées du soleil. Amoncellement de cubes de pierre jetés au hasard. Vrai tas de dés à jouer, dont les points se seraient effacés sous la patine du temps.

Entre autres, on remarque les Six-Quatre, nom donné à une construction bizarre, avec une toiture carrée, ayant six ouvertures sur une face, quatre sur l'autre.

Un clocher domine la ville, le clocher

carré de Sainte-Philfilène, avec cloches suspendues dans l'entrefend des murs, et que l'ouragan met quelquefois en branle. Mauvais signe. Alors on a peur dans le pays.

Telle est Luktrop. Puis, des habitations, des huttes misérables, éparses dans la campagne, au milieu des genêts et des bruyères, *passim*, comme en Bretagne. Mais on n'est pas en Bretagne. Est-on en France? Je ne sais pas. En Europe? Je l'ignore.

En tout cas, ne cherchez pas Luktrop sur la carte – même dans l'atlas de Stieler.

II

Froc!... Un coup discret a été frappé à l'étroite porte du Six-Quatre, percée dans l'angle gauche de la rue Messaglière. C'est une maison des plus confortables, si, toutefois, ce mot doit avoir cours à Luktrop – une des plus riches, si, de gagner bon an mal an quelques milliers de fretzers, constitue la richesse.

Au froc a répondu un de ces aboiements sauvages, dans lesquels il y a du hurlement – ce qui serait l'aboiement d'un loup. Puis, une fenêtre à guillotine s'ouvre au-dessus de la porte du Six-Quatre.

«A tous les diables, les importuns!» dit une voix de méchante et désagréable humeur.

Une jeune fille, grelottant sous la pluie, enveloppée d'une mauvaise cape, demande si le docteur Trifulgas est à la maison.

«Il y est ou n'y est pas - c'est selon!
– Je viens pour mon père qui se meurt!
– Où se meurt-il?
– Du côté du Val Karniou, à quatre kertses d'ici.
– Et il se nomme?...
- Vort Kartif.

III

Un homme dur, ce docteur Trifulgas. Peu compatissant, ne soignant que contre espèces, versées d'avance. Son vieux Hurzof – un métis de bouledogue et d'épagneul – aurait eu plus de cœur que lui. La maison du Six-Quatre, inhospitalière aux pauvres gens, ne s'ouvrait que pour les riches. D'ailleurs, c'était tarifé; tant pour une typhoïde, tant pour une congestion, tant pour une péricardite et autres maladies que les médecins inventent par douzaines. Or, le craquelinier Vort Kartif était un pauvre homme, d'une famille misérable. Pourquoi le docteur Trifulgas se serait-il dérangé, et par une nuit pareille!

«Rien que de m'avoir fait lever, murmura-t-il en se couchant, ça valait déjà dix fretzers!»

Vingt minutes s'étaient à peine écoulées, que le marteau de fer frappait encore l'huis du Six-Quatre.

Tout maugréant, le docteur quitta son lit, et, penché hors de la fenêtre.

«Qui va là? cria-t-il.
– Je suis la femme de Vort Kartif.
– Le craquelinier du Val Karniou?
– Oui, et si vous refusez de venir, il mourra!
– Eh bien, vous serez veuve!
– Voici vingt fretzers...
– Vingt fretzers pour aller au Val Karniou, à quatre kertses d'ici!
– Par grâce!
– Au diable!»

Et la fenêtre se referma. Vingt fretzers! La belle aubaine! Risquer un rhume ou une courbature pour vingt fretzers, surtout quand, le lendemain, on est attendu à Kiltreno, chez le riche Edzingov, le goutteux, dont on exploite la goutte à cinquante fretzers par visite!

Sur cette agréable perspective, le docteur Trifulgas se rendormit plus dur que devant.

IV

Frrritt!... Flacc!... Et puis, froc!... froc!... froc!...

A la rafale se sont joints, cette fois, trois coups de marteau, frappés d'une main plus décidée. Le docteur dormait. Il se réveilla, mais de quelle humeur! La fenêtre ouverte, l'ouragan entra comme une boîte à mitraille.

«C'est pour le craquelinier...
– Encore ce misérable!
– Je suis sa mère!
– Que la mère, la femme et la fille crèvent avec lui!
– Il a eu une attaque!...
– Eh! qu'il se défende!
– On nous a remis quelque argent, reprit l'aïeule, un acompte sur la maison qui est vendue au camondeur Dontrup, de la rue Messaglière. Si vous ne venez pas, ma petite fille n'aura pas de père, ma fille n'aura plus de mari, moi, je n'aurai plus de fils!...»

C'était pitoyable et terrible d'entendre la voix de cette vieille, de penser que le vent lui glaçait le sang dans les veines, que la pluie lui trempait les os jusque sous sa maigre chair.

«Une attaque, c'est deux cents fretzers! répondit le sans-cœur Trifulgas.
– Nous n'en avons que cent vingt!
– Bonsoir!»

Et la fenêtre de se refermer.

Mais, après réflexion, cent vingt fretzers pour une heure et demie de course, plus une demi-heure de visite, cela fait encore soixante fretzers l'heure – un fretzer par minute. Petit profit, point à dédaigner pourtant.

Au lieu de se recoucher, le docteur se coula dans son habit de valvètre, descendit dans ses grandes bottes de marais, s'enfourna sous sa houppelande de lurtaine, et, son surouët à la tête, ses mouffles aux mains, il laissa sa lampe allumée, près de son Codex, ouvert à la page 197. Puis, poussant la porte du Six-Quatre, il s'arrêta sur le seuil.

La vieille était là, appuyée sur son bâton, décharnée par ses quatre-vingts ans de misère!

«Les cent vingt fretzers?
– Les voici, et que Dieu vous les rende au centuple!
– Dieu! L'argent de Dieu! Est-ce que personne en a jamais vu la couleur?»

Le docteur siffla Hurzof, lui mit une petite lanterne à la gueule, prit le chemin de la mer.

La vieille suivait.

V

Quel temps de Frrrits et de Flaccs! Les cloches de Sainte-Philfilène se sont mises en branle sous la bourrasque. Mauvais signe. Bah! le docteur Trifulgas n'est pas superstitieux. Il ne croit à rien, pas même à sa science – excepté pour ce qu'elle lui rapporte.

Quel temps, mais aussi quel chemin! Des galets et des scories; les galets, glissants des varechs, les scories, qui crépitent comme du mâchefer. Pas d'autre lumière que la lanterne du chien Hurzof, vague, vacillante. Parfois, la poussée de flammes du Vanglor, au milieu desquelles paraissent se démener de grandes silhouettes falotes. On ne sait vraiment pas ce qu'il y a au fond de ces cratères insondables. Peut-être les âmes du monde souterrain, qui se volatilisent en sortant.

Le docteur et la vieille suivent le contour des petites baies du littoral. La mer est blanche d'un blanc livide – un blanc de deuil. Elle brasille en s'écrêtant à la ligne phosphorescente du ressac, qui semble verser des vers luisants sur la grève.

Tous deux remontent ainsi jusqu'au détour du chemin, entre les dunes vallonnées, dont les genêts et les joncs s'entrechoquent avec un cliquetis de baïonnettes.

Le chien s'était rapproché de son maître et semblait lui dire : «Hein! Cent vingt fretzers à mettre dans le coffre-fort! C'est ainsi que l'on fait fortune! Une mesure de plus à l'enclos de vigne! Un plat de plus au souper du soir! Une pâtée de plus au fidèle Hurzof! Soignons les riches malades, et saignons-les... à leur bourse!»

En cet endroit, la vieille s'arrête. De son doigt tremblant elle montre, dans l'ombre, une lumière rougeâtre. C'est la maison de Vort Kartif, le craquelinier.

«Là? fait le docteur.
– Oui, répond la vieille.
– Harraouah!» pousse le chien Hurzof.

Tout à coup, le Vanglor détonne, secoué jusque dans les contreforts de sa base. Une gerbe de flammes fuligineuses monte jusqu'au zénith, trouant les nuages. Le docteur Trifulgas a été renversé du coup.

Il jure comme un chrétien, se relève, regarde.

La vieille n'est plus derrière lui. A-t-elle disparu dans quelque entrouverture du sol, ou s'est-elle envolée à travers le frottement des brumes?

Quant au chien, il est toujours là, debout sur ses pattes de derrière, la gueule ouverte, sa lanterne éteinte.

«Allons toujours!» murmure le docteur Trifulgas.

L'honnête homme a reçu ses cent vingt fretzers. Il faut bien les gagner.

VI

Plus qu'un point lumineux, à une demi-kertse. C'est la lampe du mourant – du mort peut-être. Voilà bien la maison du craquelinier. L'aïeule l'a indiquée du doigt. Pas d'erreur possible.

Au milieu des Fritts sifflants, des Flaccs crépitant dans le brouhaha de la tourmente, le docteur Trifulgas marche à pas presssés.

A mesure qu'il s'avance, la maison se dessine mieux, étant isolée au milieu de la lande.

Il est singulier d'observer combien elle ressemble à celle du docteur, au Six-Quatre de Luktrop. Même disposition de fenêtres sur la façade, même petite porte cintrée.

Le docteur Trifulgas se hâte aussi rapidement que le permet la rafale. La porte est entrouverte, il n'a qu'à la pousser, il la pousse, il entre, et le vent la referme sur lui – brutalement.

Le chien Hurzof, dehors, hurle, se taisant par intervalles, comme les chantres, entre les versets d'un psaume des Quarante-Heures.

C'est étrange! On dirait que le docteur Trifulgas est revenu dans sa propre maison. Il ne s'est pas égaré, cependant. Il n'a point fait un détour. Il est bien au Val Karniou, non à Luktrop. Et pourtant, même corridor, bas et voûté, même escalier de bois tournant, à grosse rampe, usée de frottements de mains.

Il monte. Il arrive au palier. Devant la porte, une faible lueur filtre en dessous, comme au Six-Quatre.

Est-ce une hallucination? Dans la lumière vague, il reconnaît sa chambre, le canapé jaune à droite, le bahut en vieux poirier, à gauche, le coffre-fort bardé, où il comptait déposer ses cent vingt fretzers. Voilà son fauteuil à oreillons de cuir, voilà sa table à pieds tors, et dessus, près de la lampe qui se meurt, son Codex, ouvert à la page 197.

«Qu'ai-je donc?» murmure-t-il.

Ce qu'il a? Il a peur. Sa pupille s'est

dilatée. Son corps s'est comme contracté, amoindri. Une transsudation glacée refroidit sa peau, sur laquelle il sent courir de rapides horripilations.

Mais hâte-toi donc! Faute d'huile, la lampe va s'éteindre. – le moribond aussi!

– Oui, le lit est là – son lit, à colonnes, à baldaquin, aussi long que large, fermé de courtines à grands ramages. Est-il possible que ce soit là le grabat d'un misérable craquelinier?

D'une main qui tremble, le docteur Trifulgas saisit les rideaux. Il les ouvre, il regarde.

Le moribond, sa tête hors des couvertures, est immobile, comme au bout de sa dernière respiration.

Le docteur se penche sur lui...

Ah! quel cri, auquel répond, en dehors, un sinistre aboiement du chien.

Le moribond, ce n'est pas le craquelinier Vort Kartif!... C'est le docteur Trifulgas!... C'est lui que la congestion a frappé – lui-même! Une apoplexie cérébrale, avec brusque accumulation de sérosités dans les cavités du cerveau, avec paralysie du corps au côté opposé à celui où se trouve le siège de la lésion!

Oui! c'est lui, pour qui on est venu le chercher, pour qui on a payé cent vingt fretzers! Lui, qui, par dureté du cœur, refusait d'aller soigner le craquelinier pauvre! Lui, qui va mourir!

Le docteur Trifulgas est comme fou. Il se sent perdu. Les accidents croissent de minute en minute. Non seulement toutes les fonctions de relations les suppriment en lui, mais les mouvements du cœur et de la respiration vont cesser. Et pourtant, il n'a pas encore entièrement perdu la connaissance de lui-même!

Que faire! Diminuer la masse du sang au moyen d'une émission sanguine? Le docteur Trifulgas est mort, s'il hésite...

On saignait encore dans ce temps-là, et, comme à présent, les médecins guérissaient de l'apoplexie tous ceux qui ne devaient pas en mourir.

Le docteur Trifulgas saisit sa trousse, tire sa lancette, pique la veine du bras de son sosie : le sang ne vient pas à son bras. Il lui fait d'énergiques frictions à la poitrine : le jeu de la sienne s'arrête. Il lui brûle les pieds avec des pierres chaudes; les siens se refroidissent.

Alors son sosie se redresse, se débat, pousse un râle suprême...

Et le docteur Trifulgas, malgré tout ce qu'a pu lui inspirer la science *se meurt entre ses mains.*

Frritt!... Flacc!

VII

Le matin, dans la maison du Six-Quatre, on ne trouva plus qu'un cadavre – celui du docteur Trifulgas. On le mit en bière, et il fut conduit en grande pompe au cimetière de Luktrop, après tant d'autres qu'il y avait envoyés – selon la formule.

Quand au vieux Hurzof, on dit que, depuis ce jour, il court la lande, avec sa lanterne rallumée, hurlant au chien perdu.

Je ne sais si cela est, mais il se passe tant de choses étranges dans ce pays de la Volsinie, précisément aux alentours de Luktrop!

D'ailleurs, je le répète, ne cherchez pas cette ville sur la carte. Les meilleurs géographes n'ont pas encore pu se mettre d'accord sur sa situation en latitude – ni même en longitude.

Fin

Frritt-Flacc, 1884

Illustration de Willette pour la première page de «Frritt-Flacc» dans le *Figaro illustré*.

Entretien avec Jules Verne

En 1893, Jules Verne, à 65 ans, accorde un entretien à un journaliste américain, Robert Sherard, venu le rencontrer à Amiens. L'article paraît dans le «McClure's Magazine», en 1894. En évoquant ses souvenirs, Jules Verne précise ses préoccupations d'écrivain, ses réussites et ses regrets.

La traduction française de cet article, présentée par Daniel Compère, est parue dans le «Magazine littéraire» d'octobre 1990.

Parlant de sa méthode de travail, M. Verne dit : Je me lève tous les matins avant cinq heures – un peu plus tard peut-être en hiver – et à cinq heures, je m'installe à mon bureau et travaille jusqu'à onze heures. Je travaille très lentement et avec le plus grand soin, écrivant et récrivant jusqu'à ce que chaque phrase prenne la forme que je désire. J'ai toujours dans ma tête au moins dix romans à l'avance, sujets et intrigues préparés si bien que, voyez-vous, si Dieu me prête vie, je pourrai terminer sans difficulté les quatre-vingts romans dont j'ai parlé. Mais c'est sur mes épreuves que je passe le plus de temps. Je ne suis jamais satisfait avant la septième ou huitième épreuve, je corrige et recorrige jusqu'à ce qu'il soit permis de dire que la dernière épreuve porte à peine les traces du manuscrit. Ce qui suppose un grand sacrifice de «ma poche» aussi bien que de temps, mais j'ai toujours fignolé la forme et le style, bien que personne ne m'en ait jamais rendu justice. [...]

Je suppose qu'on doit voir dans l'amour que j'avais pour l'aventure et l'eau, ce qui allait orienter des années plus tard mes penchants d'écrivain. Il est certain que la méthode de travail que j'avais alors m'est restée toute la vie. Je ne pense pas avoir jamais fait un travail bâclé.

Non, je ne peux pas dire que je sois particulièrement emballé par la science. En vérité, je ne l'ai jamais été : c'est-à-dire, je n'ai jamais suivi d'études scientifiques, ni même fait d'expériences. Mais quand j'étais jeune, j'adorais observer le fonctionnement d'une machine. Mon père avait une maison de campagne à Chantenay, à l'embouchure de la Loire, et à côté il y a l'usine d'Indret qui appartient à l'Etat. Je ne suis jamais allé à Chantenay sans entrer dans cette usine et regarder les machines fonctionner, debout pendant des heures. Ce goût m'est resté toute la vie et aujourd'hui, j'ai toujours autant de plaisir à regarder une machine à vapeur ou une belle locomotive en marche qu'à contempler un tableau de Raphaël ou du Corrège. Mon intérêt pour les industries a toujours été un trait marquant de mon caractère, aussi marquant, bien entendu, que mon goût pour la littérature dont je parlerai tout à l'heure, et que le plaisir que me donnent les beaux-arts et que je ressens dans chaque musée ou galerie : oui, je pourrais dire toute galerie d'art, quelle que soit son importance en Europe. Cette usine d'Indret, nos excursions sur la Loire et les vers que je griffonnais constituaient les trois principaux plaisirs et occupations de ma jeunesse.

[...] Je dirai que je n'ai jamais fait d'études scientifiques, néanmoins au cours de mes lectures j'ai relevé plein de choses ici et là qui ont trouvé leur utilité. Je peux vous assurer que je suis un grand lecteur et que j'ai toujours lu un crayon à la main. J'ai toujours avec moi un carnet et, comme ce personnage de Dickens, je note d'emblée tout ce qui m'intéresse ou qui pourrait me servir pour mes livres. Pour vous donner une idée de mes lectures, je viens ici chaque jour après le repas de midi, je me mets immédiatement au travail et je lis d'un bout à l'autre quinze journaux différents, toujours les quinze mêmes, et je peux vous dire que très peu de choses échappent à mon attention. Quand je vois quelque chose d'intéressant, c'est noté. Ensuite, je lis les revues, comme *La Revue bleue, La Revue rose, La Revue des deux mondes, Cosmos, La Nature* par Tissandier, *L'Astronomie* par Flammarion. Je lis aussi entièrement les bulletins des sociétés scientifiques et en particulier ceux de la Société géographique, car vous remarquerez que la géographie est à la fois ma passion et mon sujet d'étude.

J'ai toutes les œuvres de Reclus – j'ai une grande admiration pour Elisée Reclus – et tout Arago. Je lis aussi et relis, car je suis un lecteur très attentif, la collection «Le tour du monde» qui est une série de récits de voyages. J'ai jusqu'à maintenant amassé plusieurs milliers de notes sur tous les sujets, et aujourd'hui, j'ai chez moi au moins vingt mille notes qui pourraient servir dans mon travail et qui n'ont pas encore été utilisées. Certaines de ces notes ont été prises d'après des conversations avec des gens. J'aime écouter les gens parler, à condition qu'ils parlent de sujets qu'ils connaissent.

– *Comment avez-vous pu faire ce que vous avez fait sans études scientifiques d'aucune sorte?*

– J'ai eu la chance d'entrer dans le monde à un moment où il existait des dictionnaires sur tous les sujets possibles. Il me suffisait de trouver dans le dictionnaire le sujet sur lequel je cherchais un renseignement, et voilà. Bien sûr, avec mes lectures, j'ai relevé quantité de renseignements, et comme je l'ai dit, j'ai dans la tête des petits bouts d'informations scientifiques. C'est ainsi qu'un jour, dans un café à Paris, alors que je lisais dans *Le Siècle* qu'un homme pouvait voyager autour de la terre en quatre-vingts jours, il m'est immédiatement venu à l'esprit que je pouvais profiter d'une différence de méridien et faire gagner ou perdre à mon voyageur un jour dans son voyage. Mon dénouement était tout trouvé. L'histoire a été écrite longtemps après. Je garde à l'esprit des idées pendant des années – quelquefois dix ou quinze – avant de leur donner forme.

Mon but a été de dépeindre la Terre, et pas seulement la Terre, mais l'univers, car j'ai quelquefois transporté mes lecteurs loin de la Terre dans mes romans. Et j'ai essayé en même temps d'atteindre un idéal de style. On dit qu'il ne peut pas y avoir de style dans un roman d'aventures, mais ce n'est pas vrai; cependant j'admets qu'il est beaucoup plus difficile d'écrire de tels romans dans un bon style littéraire que les études de caractères qui sont tellement en vogue aujourd'hui. Et je vais vous dire – Ici Jules Verne haussa légèrement ses larges épaules – que je ne suis pas un grand admirateur du soi-disant roman psychologique, parce que je ne vois pas ce qu'un roman a à voir avec la psychologie, et je ne peux pas dire que j'admire les soi-disant romanciers psychologiques. Cependant, je fais exception pour Daudet et de Maupassant. J'ai la plus grande admiration pour de Maupassant. C'est un génie, qui a reçu du Ciel le don d'écrire sur tout et qui produit aussi naturellement et facilement qu'un pommier produit des pommes. Cependant, mon auteur favori est, et a toujours été, Dickens. Je ne connais pas

Jules Verne

Le cabinet de travail de Jules Verne à Amiens.

plus d'une centaine de mots anglais, et j'ai donc dû le lire en traduction. Mais je vous déclare, Monsieur – *Verne posa la main sur la table comme pour insister* – que j'ai lu tout Dickens au moins dix fois. Je ne peux pas dire que je le préfère à de Maupassant, parce qu'il n'y a pas de comparaison possible entre les deux. Mais je l'aime immensément, et dans mon prochain roman, *P'tit-Bonhomme*, la preuve en est donnée et la reconnaissance de ma dette est faite. Je suis aussi et ai toujours été un grand admirateur des romans de Cooper. Il y en a quinze que je considère comme immortels.

Puis, parlant comme s'il songeait tout haut, Verne ajouta : Dumas me disait souvent, quand je me plaignais qu'on ne reconnaissait pas ma place dans la littérature française : «Vous auriez dû être un auteur américain ou anglais. Alors vos livres, traduits en français, vous auraient apporté une énorme popularité en France, et vous auriez été considéré par vos compatriotes comme l'un des plus grands maîtres de la fiction.» Mais les choses étant ce qu'elles sont, je ne compte pas dans la littérature française. Il y a quinze ans, Dumas a proposé mon nom à l'Académie française et, étant donné que plusieurs amis y siégeaient, Labiche, Sandoz et d'autres, il semblait y avoir une chance que je sois élu et que mon travail soit officiellement reconnu. Mais cela n'a jamais abouti et aujourd'hui, quand je reçois des lettres d'Amérique adressées à «M. Jules Verne de l'Académie française», je souris en moi-même. Depuis le jour où on a proposé mon nom, pas moins de quarante-deux élections ont eu lieu à l'Académie française qui s'est, pour ainsi dire, entièrement renouvelée depuis, mais on m'ignore toujours.

Le grand regret de ma vie est que je n'ai jamais compté dans la littérature française.

A ces mots, le vieil homme baissa la tête et une note de tristesse passa dans sa voix chaleureuse et enjouée.
Je ne compte pas dans la littérature française, répéta-t-il.

L'art poétique de Jules Verne

En 1906, peu après la mort de Jules Verne, dans la «Revue de Bretagne», Anatole Le Braz (1859-1926), folkloriste et auteur du «Gardien du feu», jette un regard synthétique sur la poésie de Jules Verne qu'il définit par comparaison à la poésie de son époque.

[...] «Dans l'histoire de la pensée humaine, le dix-neuvième siècle, qui a, d'ailleurs, inauguré tant de voies fécondes, restera vraisemblablement comme le *siècle de la science*. L'esprit scientifique pénétra la littérature elle-même. Toutes les écoles littéraires, depuis le romantisme jusqu'au naturalisme, en passant par le réalisme, furent une sorte de course à la vérité, à plus de vérité, à une vérité toujours plus précise et, si je puis dire, plus totale. Pendant que Balzac, que Flaubert, que Zola, introduisaient la physiologie dans le roman, Lamartine traçait dans *La Chute d'un ange* d'admirables visions de l'humanité d'avant les âges, Hugo demandait à l'exégèse, à l'épigraphie, à l'étude des Sagas scandinaves et des romanceros de France, d'Espagne ou d'Italie, les inspirations épiques de *La Légende des siècles*, et Leconte de Lisle, les yeux fixés sur l'histoire des civilisations, sculptait en plein marbre ces magnifiques bas-reliefs que sont les *Poèmes barbares* et les *Poèmes antiques*.

«Oh! me diriez-vous, voilà de bien grands noms et de bien grandes œuvres! Est-ce qu'à les évoquer seulement, on ne risque pas d'écraser Jules Verne sous leur poids? Il ne s'agit pas, pour l'instant, de le comparer, mais de le situer, de déterminer à quelle tradition il se rattache, afin de montrer comment il a interprété cette tradition pour son compte personnel et quel parti vraiment nouveau, je crois, il en a tiré. Le parti qu'il en a tiré, vous le connaissez.

«Il s'est hardiment attaqué aux *sciences* les plus rébarbatives en apparence, je veux dire à celles qui semblent, par leur essence même, les plus réfractaires à toute littérarisation, comme la géographie, l'océanographie, la cosmographie, que sais-je? et il en a fait jaillir toute une riche floraison de mythes auxquels il n'a manqué qu'un peu plus d'art pour atteindre à la *très haute poésie*. Il a de la sorte, sinon créé un frisson nouveau, comme on dit, du moins révélé des perspectives nouvelles et conquis aux lettres une province jusqu'alors insoupçonnée. Il a conçu, il a tenté, il a, dans une large mesure, réalisé la *Légende de la science*.

La légende de la science, ai-je dit? Oh! je ne suis pas sans me rendre compte tout le premier de ce qu'il y a de paradoxal et même de contradictoire dans le rapprochement de ces deux mots. Qu'y a-t-il, en effet, de plus opposé à la *science*, que la *légende*, si cependant la légende est une interprétation arbitraire de la réalité, et, d'autre part, quoi de plus hostile à la légende que la science, si la science a justement pour objet de substituer une explication rationnelle des choses aux rêveries enfantines de l'esprit humain? La légende repose sur la croyance au surnaturel, et la science, dans son domaine, ne connaît point, n'admet point de surnaturel. Je sais tout cela. Seulement, n'oublions pas que la science est en somme de date récente, et encore bien qu'elle ait fait en peu d'années des pas de géant, ce ne sont tout de même que «les premiers pas de sa course». Il y a derrière elle tout un profond passé où le flambeau qu'elle y porte ne projette encore que de troubles et vacillantes lueurs; il y a surtout devant elle tout un immense avenir dont elle n'a qu'à demi soulevé le voile; mais qu'il est permis, par ce qu'on en peut entrevoir, de supposer gros de promesses et riche de pressentiments. C'est dans l'*inexploré* de ces vastes champs crépusculaires d'avant ou d'après la science actuelle que Jules Verne a eu la hardiesse et le mérite de s'aventurer à pleine envergure.

Et qu'en a-t-il rapporté?

Il en a rapporté la *poésie de l'espace*, le frisson de l'infini. Et ne croyez pas que j'exagère pour les besoins de ma cause. Comparez vous-même le monde, le monde sans bornes où nous fait entrer Jules Verne avec celui que nous peignent nos romans habituels, et mesurez la différence. Le roman moderne, c'est l'air du salon, du boudoir, souvent de l'alcôve; c'est l'air renfermé. Le roman de Jules Verne, c'est l'*air libre*, c'est l'*air vierge*, c'est l'air respiré. On sent passer à travers ses poumons, quand on le lit, de grands souffles géants venus des profondeurs de l'illimité. On est enlevé à son petit coin de boue terrestre, à la petite banalité quotidienne, à la médiocrité des jours quelconques confinés dans la médiocrité des mêmes horizons clos. On devient *un citoyen du monde*, au sens littéral du terme. Devant nous se déroule le décor universel. Nous prenons possession de toute la terre, de tout le firmament. Mieux encore: nous prenons conscience du cosmos. Chez Jules Verne, le paysage même est représenté en fonction de l'univers. Loti usera parfois d'un procédé analogue. Et il y a là une *poésie grandiose*, une poésie qui n'est plus humaine seulement, mais *planétaire*, interplanétaire, si j'ose ainsi parler. N'est-ce pas Bourget qui disait de Renan qu'il avait l'intelligence cosmique? Eh bien! Jules Verne a l'imagination cosmique. Cela est rare et beau. L'homme qui a possédé un tel don, à un tel degré, peut n'avoir pas été un écrivain de premier ordre. Qui osera nier qu'il ait été un *poète*, un visionnaire magnifique, un puissant créateur?...

C'est l'*imagination* qui rattache l'homme de science, le chercheur, au poète qui s'est donné pour mission d'en chanter les merveilles. Observer la nature, traduire des émotions, c'est le rôle simultané de la science et de la poésie.

Anatole le Braz

La redécouverte de Jules Verne

Jules Verne a été considéré par ses contemporains comme un auteur pour la jeunesse; avec un siècle de recul, de nombreux écrivains lui accordent un statut en littérature et une profondeur dont l'écho leur vient des voluptés de l'enfance.

A l'occasion de la parution des principales œuvres de Jules Verne en livre de poche, la revue «Arts et loisirs» lui consacre un dossier en 1966. J.M.G. Le Clézio évoque son influence sur l'enfant et sur l'écrivain qu'il est également.

J.-M.-G. Le Clezio : l'Iliade des enfants d'aujourd'hui

– Jules Verne a-t-il compté dans votre enfance?

– Enormément. Je crois qu'on ne peut pas parler de Jules Verne sans parler de l'enfance. Enfant, j'ai lu tous ses livres dans la collection Hetzel qui était si abondamment et parfaitement illustrée. Autant que je me souvienne, le plus important pour moi, c'est que cette lecture fut le premier contact avec la littérature, avec quelqu'un qui décrivait des personnages tirés de la réalité. C'était peut-être aussi le premier contact avec la psychologie. C'était le passage des contes de Perrault au roman.

Je ne sais pas si l'œuvre de Jules Verne est une grande œuvre, mais je comparerais volontiers ce qu'elle est pour l'enfance d'aujourd'hui, à ce que fut l'Iliade et l'Odyssée pour les jeunes Grecs. Ici comme là, on trouve des aventures qui ne sont pas tellement fantastiques mais qui nous présentent des êtres humains avec leurs qualités et leurs défauts; des êtres humains tout à fait ordinaires, mais qui voyagent.

– Ce thème du voyage vous intéressait particulièrement?

– C'est quelque chose de capital, le premier indice du sens de l'absolu. L'homme qui voyage, c'est l'homme qui est à la recherche de quelque chose qu'il ne trouve jamais. Pour moi, Phileas Fogg ne part pas parce qu'il a fait un pari pour de l'argent, mais parce qu'il a fait un pari contre lui-même. En ce sens l'œuvre de Jules Verne me paraît proche de celle de Conrad.

Egalement, ce qui m'impressionnait étant enfant, c'étaient certaines scènes qui se résumaient en images : Michel Strogoff qu'on tentait d'aveugler en promenant devant ses yeux un sabre qu'on avait passé dans la braise et qui, parce qu'il pleurait conservait la vue; dans *Robur le Conquérant*, la foudre qui tombe, au cours d'un duel, sur l'épée du méchant, levée et prête à frapper. Ces scènes, pour moi, sont aussi importantes que les mythes, que les images de la poésie homérique. Mais lorsque je les lisais, enfant, cela ne me semblait pas vraiment irréel. Le *Nautilus* même m'apparaissait comme très vraisemblable.

– *Vous étiez plus sensible aux images qu'à l'aspect scientifique de Jules Verne.*

– Ses romans sont des livres de héros plus que d'aventures techniques. Le fait essentiel est qu'il y ait des héros. En cela, je vois un rapport entre Shakespeare et Jules Verne. Nemo est un personnage romantique, Robur, une sorte de Hitler, mais avant tout, Verne s'attache à ce qui est humain, aux passions humaines. Comme Balzac aussi, il a su créer des personnages-types, héros du mal, héros du bien, savant assez drôle qui sait tout mais qui ne sait pas vivre. Et, en plus, ce qui séduit les enfants qui ne s'intéressent pas au style, mais qui cherchent une pâture pour leur imagination, c'est cette véracité du ton qui vient de ce que Jules Verne vivait ses aventures en les écrivant. Peut-être a-t-il vécu ainsi ses voyages mieux que s'il les avait accomplis réellement. Et si l'image qu'il nous donne de certains paysages nous paraît exacte, si le voyageur même peut la retrouver, c'est parce qu'on voit les choses avec sa mythologie personnelle et avec celle que nous ont donnée les autres.

– *Comme écrivain, avez-vous l'impression de devoir quelque chose à Jules Verne?*

– Jules Verne, cela fait partie de moi. En fait, je crois que tout ce qui s'est cristallisé en moi me venait de lui. Par exemple, j'ai eu la révélation de la mort par une gravure montrant le capitaine Nemo à la fenêtre de son sous-marin et regardant passer un noyé. De même je considère que Jules Verne est très important pour le style et pour l'imagination. Il y a chez lui un ton très vif, un art particulier d'enchaîner les images qui laissent percevoir sa personnalité. Je me souviens qu'enfant je reconnaissais les phrases de Jules Verne. C'est là que j'ai senti pour la première fois ce qu'est le style.

J'ai déjà parlé des romans d'aventures. Mais ce qui est important c'est que les aventures de Jules Verne sont, au fond, toujours les mêmes. Enfant, je soupçonnais déjà qu'il y avait un sens supérieur à ces aventures, qu'il ne s'agissait pas simplement d'aventures, mais de légendes qui se renouvelaient sans cesse, sur la lutte du bien et du mal, de l'homme contre l'infini.

Et il y a beaucoup d'infini chez Jules Verne, infini de l'océan dans *Vingt mille lieues sous les mers*, infini de la terre dans le *Voyage au centre de la Terre*, infini du ciel dans *De la Terre à la Lune*, et cela témoigne d'un sens épique assez curieux.

Ce qui frappe aussi chez lui, c'est l'humour. Ce qui me paraissait drôle, c'est que le personnage se sortait de situations difficiles, voire apocalyptiques, grâce à un hasard heureux ou, ce qui est piquant chez un romancier scientifique, à une erreur de calcul, comme Phileas Fogg.

«Mais le génie de Verne c'est de donner à la fois une description du monde étonnante et une réduction des grands drames de l'humanité en symboles tels qu'ils peuvent déjà être sentis par un enfant. Et il est probable que si je le relisais, je retrouverais des façons se décrire les sentiments, les tempêtes, les incendies qui me viennent de lui. Mais quel est celui qui a lu Jules Verne dans son enfance et qui, en écrivant, est sûr de ne lui rien devoir?»
Arts et Loisirs, 1966

Julien Gracq, dans son livre «Lettrines», exprime en 1967 le même plaisir de relecture des chefs-d'œuvre de son enfance.

Le Livre de Poche réédite Jules Verne, avec la totalité des illustrations de Hetzel – que la chaleur de l'imagination enfantine a soudées, en effet, à ce texte pour toujours. A peine l'ai-je appris que j'ai acheté aussitôt les dix premiers volumes parus, les ai emportés et déballés chez moi comme un voleur, et le charme est revenu, un peu usé, un peu pâli, mais charme tout de même, et opérant toujours. Merveilleuses vignettes de *Cinq semaines en ballon*, avec le *Victoria* suspendu au-dessus des paysages d'Afrique, tantôt haut, tantôt bas, tantôt gros, tantôt petit, tantôt à gauche, tantôt à droite, comme une lampe allumée, comme l'œil de Dieu au septième jour.

Il y a eu pour moi Poe, quand j'avais douze ans – Stendhal, quand j'en avais quinze – Wagner, quand j'en avais dix-huit – Breton, quand j'en avais vingt-deux. Mes seuls véritables intercesseurs et éveilleurs. Et auparavant, pinçant une à une toutes ces cordes du bec grêle de son épinette avant qu'elles ne résonnent sous le marteau du *piano forte*, il y a eu Jules Verne. Je le vénère, un peu filialement. Je supporte mal qu'on me dise du mal de lui. Ses défauts, son bâclage m'attendrissent. Je le vois toujours comme un bloc que le temps patine sans l'effriter. C'est mon primitif à moi. Et nul ne me donnera jamais honte de répéter que les *Aventures du capitaine Hatteras* sont un chef-d'œuvre.
Julien Gracq, *Lettrines*

Michel Foucault, dans un numéro de «L'Arc» sur Jules Verne (1966), analyse, au-delà du récit, la structure de la fiction vernienne, et oppose les personnages phares du savant et du héros.

En toute œuvre qui a forme de récit, il faut distinguer fable et fiction. Fable, ce qui est raconté [épisodes, personnages, fonctions qu'ils exercent dans le récit, événements]. Fiction, le régime du récit, où plutôt les divers régimes selon lesquels il est «récité» : posture du narrateur à l'égard de ce qu'il raconte, [selon qu'il fait partie de l'aventure, ou qu'il la contemple comme un spectateur légèrement en retrait, ou qu'il en est exclu et qu'il la surprend de l'extérieur], présence ou absence d'un regard neutre qui parcourt les choses et les gens, en assurant une description objective; engagement de tout le récit dans la perspective d'un personnage ou de plusieurs successivement ou d'aucun en particulier; discours répétant les événements après coup ou les doublant à mesure qu'ils se déroulent, etc. La fable est faite d'éléments placés dans un certain ordre. La fiction, c'est la trame des rapports établis, à travers le discours lui-même, entre celui qui parle et ce dont il parle. Fiction, «aspect» de la fable.

Quand on parle réellement, on peut bien dire des choses «fabuleuses» : le triangle dessiné par le sujet parlant, son discours et ce qu'il raconte est déterminé de l'extérieur par la situation; pas de fiction. Dans cet analogon de discours qu'est une œuvre, ce rapport ne peut s'établir qu'à l'intérieur de l'acte même de parole; ce qui est raconté doit indiquer, à lui seul, qui parle et à quelle distance et selon quelle perspective et en utilisant quel mode de discours. L'œuvre se définit moins par les éléments de la fable ou leur ordonnance que par les modes de la fiction indiqués comme de biais par l'énoncé même de la fable. La fable d'un récit se loge à l'intérieur des possibilités mythiques de la culture; son écriture se loge à l'intérieur des possibilités de la langue; sa fiction, à l'intérieur des possibilités de l'acte de parole.

Aucune époque n'a utilisé simultanément tous les modes de fiction qu'on peut définir dans l'abstrait; on en exclut toujours certains qu'on traite en parasites; d'autres en revanche sont privilégiés et définissent une norme. Le discours de l'auteur, interrompant son récit et levant les yeux de son texte pour faire appel au lecteur, le convoquer comme juge ou témoin de ce qui se passe, était fréquent au XVIIIe siècle; il a presque disparu au cours du siècle dernier. En revanche, le discours lié à l'acte d'écrire, contemporain de son déroulement et enfermé en lui, a fait son apparition depuis moins d'un siècle. Peut-être a-t-il exercé une très forte tyrannie, bannissant sous l'accusation de naïveté, d'artifice ou de réalisme fruste, toute fiction qui n'aurait pas son lieu dans le discours d'un sujet unique, et dans le geste même de son écriture.

Depuis que de nouveaux modes de la fiction ont été admis dans l'œuvre littéraire [langage neutre parlant tout seul et sans lieu, dans un murmure ininterrompu, paroles étrangères faisant irruption de l'extérieur, marqueterie de discours ayant chacun un mode différent], il redevient possible de lire, selon leur architecture propre, des textes qui, peuplés de «discours parasites», avaient été pour cela même chassés de la littérature.

Les récits de Jules Verne sont merveilleusement pleins de ces discontinuités dans le mode de la fiction. Sans cesse le rapport établi entre narrateur, discours et fable se dénoue et se reconstitue selon un nouveau dessin. Le texte qui raconte, à chaque instant se rompt; il change de signe, s'inverse, prend distance, vient d'ailleurs et comme d'une autre voix. Des parleurs, surgis on ne sait d'où, s'introduisent, font taire ceux qui le précédaient, tiennent un instant leur discours propre, et puis soudain, cèdent la parole à un autre de ces visages anonymes, de ces silhouettes grises. Organisation toute contraire à celle des *Mille et une nuits*; là, chaque récit, même s'il est rapporté par un tiers, est fait – fictivement – par celui qui a vécu l'histoire; à chaque fable sa voix, à chaque voix une fable nouvelle; toute la «fiction» consiste dans le mouvement par lequel un personnage se déboîte de la fable à laquelle il appartient et devient récitant de la fable suivante. Chez Jules Verne, une seule fable par roman, mais racontée par des voix différentes, enchevêtrées, obscures, et en contestation les unes avec les autres.

Derrière les personnages de la fable – ceux qu'on voit, qui ont un nom, qui dialoguent et à qui il arrive des aventures – règne tout un théâtre d'ombres, avec ses rivalités et ses luttes nocturnes, ses joutes et ses triomphes. Des voix sans corps se battent pour raconter la fable.

1) Tout à côté des personnages principaux, partageant leur familiarité, connaissant leurs visages, leurs habitudes, leur état-civil, mais aussi leurs pensées et les plis secrets de leur caractère, écoutant leurs répliques, mais éprouvant leurs sentiments comme de l'intérieur, une ombre parle. Elle est logée à la même enseigne que les personnages essentiels, voit les choses comme eux, partage leurs aventures, s'inquiète avec eux de ce qui va arriver. C'est elle qui transforme l'aventure en récit. Ce récitant a beau être doué de grands pouvoirs, il a ses limites et ses contraintes : il s'est glissé dans le boulet lunaire, avec Ardan, Barbicane et Nicholl, et pourtant il y a des séances secrètes du Gun-Club auxquelles il n'a pu assister. Est-ce le même récitant, est-ce un autre qui est ici et là, à Baltimore et au Kilimandjaro, dans la fusée sidérale, à terre et dans la sonde sous-marine? Faut-il admettre tout au long du récit une sorte de personnage en trop, errant continuellement dans les limbes de la narration, une silhouette creuse qui aurait don d'ubiquité? Ou bien supposer, en chaque lieu, pour chaque groupe de personnages, des génies attentifs, singuliers et bavards ? En tout cas, ces figures d'ombre sont au premier rang de l'invisibilité : il s'en faut de peu qu'elles ne soient personnages véritables.

2) En retrait de ces «récitants» intimes, des figures plus discrètes, plus furtives, prononcent le discours qui raconte leurs mouvements, ou indique le passage de l'une à l'autre. «Ce soir» disent ces voix «un étranger qui se fût trouvé à Baltimore n'eût pas obtenu, même à prix d'or de pénétrer dans la grande salle...»; et pourtant un invisible étranger [un récitant de niveau 1] a tout de même pu franchir les portes et faire le récit des enchères «comme s'il y était». Ce sont de telles voix encore qui font passer la parole d'un récitant à un autre, assurant ainsi le jeu de furet du discours. «Si l'honorable M. Maston n'entendit par les Hurrah poussés en son honneur» [on vient de l'acclamer dans l'obus gigantesque], «du moins les oreilles lui tintèrent» [et le tenant du discours vient se loger maintenant à Baltimore].

3) Plus extérieur encore aux formes visibles de la fable, un discours la ressaisit dans sa totalité et la rapporte à un autre système de récit, à une chronologie objective ou, en tout cas, à un temps qui est celui du lecteur lui-même. Cette voix entièrement «hors fable» indique les repères historiques [«Pendant la guerre fédérale, un nouveau club très influent...»]; elle rappelle les autres récits déjà publiés par J. Verne sur un sujet analogue [elle pousse même l'exactitude, dans une note de *Sans dessus dessous*, à faire le partage entre les vraies expéditions polaires et celle racontée dans *Le Désert de glace*]; il lui arrive aussi de ranimer au long du récit la mémoire du lecteur [«On se

souvient que…»]. Cette voix est celle du récitant absolu; la première personne de l'écrivain [mais neutralisée], notant dans les marges de son récit ce qu'il est nécessaire de savoir pour l'utiliser aisément.

4) Derrière lui, et encore plus lointaine, une autre voix s'élève de temps en temps. Elle conteste le récit, en souligne les invraisemblances, montre tout ce qu'il y aurait d'impossible. Mais elle répond aussitôt à cette contestation qu'elle a fait naître. Ne croyez pas, dit-elle, qu'il faut être insensé pour entreprendre une pareille aventure : «Elle n'étonnera personne : les Yankees, premiers mécaniciens du monde…» Les personnages enfermés dans la fusée lunaire sont pris d'étranges malaises; ne soyez pas surpris : «C'est que depuis une douzaine d'heures, l'atmosphère du boulet s'était chargée de ce gaz absolument délétère, produit définitif de la combustion du sang.» Et, par précaution supplémentaire, cette voix justificatrice pose elle-même les problèmes qu'elle doit dénouer : «On s'étonnera peut-être de voir Barbicane et ses compagnons si peu soucieux de l'avenir…»

5) Il existe un dernier mode de discours encore plus extérieur. Voix tout à fait blanche, articulée par personne, sans support ni point d'origine, venant d'un ailleurs indéterminé et surgissant à l'intérieur du texte par un acte de pure irruption. Du langage anonyme déposé là par grandes plaques. Du discours immigrant. Or ce discours est toujours un discours savant. Certes, il y a bien de longues dissertations scientifiques dans les dialogues, ou exposés ou lettres ou télégrammes, attribués aux divers personnages; mais elles ne sont pas dans cette position d'extériorité qui marque les fragments d'«information automatique», par lesquels le récit, de temps en temps, est interrompu. Tableau des horaires simultanés dans les principales villes du monde; tableau en trois colonnes indiquant le nom, la situation et la hauteur des grands massifs montagneux de la lune; mensurations de la terre introduites par cette toute simple formule : «Qu'on en juge par les chiffres suivants». Déposées là par une voix qu'on ne peut assigner, ces moraines du savoir demeurent à la limite externe du récit.

Il faudrait étudier pour elles-mêmes, dans leur jeu et dans leurs luttes, ces voix de l'arrière fable, dont l'échange dessine la trame de la fiction. Limitons-nous à la dernière.

Il est étrange que dans ces «romans scientifiques», le discours savant vienne d'ailleurs, comme un langage rapporté. Etrange qu'il parle tout seul dans une rumeur anonyme. Etrange qu'il apparaisse sous les espèces de fragments irruptifs et autonomes. Or l'analyse de la fable révèle la même disposition, comme si elle reproduisait, dans le rapport des personnages, l'enchevêtrement des discours qui en racontent les aventures imaginaires.

1) Dans les romans de Jules Verne, le savant demeure en marge. Ce n'est pas à lui qu'advient l'aventure, pas lui du moins qui en est le héros principal. Il formule des connaissances, déploie un savoir, énonce les possibilités et les limites, observe les résultats, attend, dans le calme, de constater qu'il a dit vrai et que le savoir ne s'est pas trompé en lui. Maston a fait toutes les opérations mais ce n'est pas lui qui va dans la lune; ce n'est pas lui qui va tirer le canon du Kilimandjaro. Cylindre enregistreur, il déroule un savoir déjà constitué, obéit aux impulsions, fonctionne tout seul dans

le secret de son automatisme, et produit des résultats. Le savant ne découvre pas; il est celui en qui le savoir s'est inscrit : grimoire lisse d'une science faite ailleurs. Dans *Hector Servadac*, le savant n'est qu'une pierre d'inscription : il s'appelle justement Palmyrin Rosette.

2) Le savant de Jules Verne est un pur intermédiaire. Arithméticien, il mesure, multiplie et divise [comme Maston ou Rosette]; technicien pur, il utilise et construit [comme Schultze ou Camaret]. C'est un homo calculator, rien de plus qu'un méticuleux «pi r 2». Voilà la raison pour laquelle il est distrait, non seulement de cette insouciance prêtée par la tradition aux savants mais d'une distraction plus profonde, en retrait du monde et de l'aventure, il arithmétise; en retrait du savoir inventif, il le chiffre et le déchiffre. Ce qui l'expose à toutes ces distractions accidentelles qui manifeste son être profondément abstrait.

3) Le savant est toujours placé dans le lieu du défaut. Au pire, il incarne le mal [*Face au drapeau*]; ou bien il le permet sans le vouloir ni le voir [*Mission Barsac*]; ou bien, c'est un exilé [Robert]; ou bien, c'est un doux maniaque [comme le sont les artilleurs du Gun-Club]; ou bien s'il est sympathique et tout près d'être un héros positif, alors c'est dans ses calculs même que surgit l'accroc [Maston se trompe en recopiant les mensurations de la terre]. De toute façon, le savant est celui à qui il manque quelque chose [le crâne fêlé, le bras artificiel du secrétaire du Gun-Club le proclament assez]. De là, un principe général : savoir et défaut sont liés; et une loi de proportionnalité : moins le savant se trompe, plus il est pervers, ou dément, ou étranger au monde [Camaret]; plus il est positif, plus il se trompe [Maston, comme son nom l'indique et comme l'histoire le montre, n'est qu'un tissu d'erreurs : il s'est trompé sur les masses, quand il s'est mis à rechercher au fond de la mer la fusée qui flottait; et sur les tonnes quand il a voulu calculer le poids de la terre]. La science ne parle que dans un espace vide.

4) En face du savant, le héros positif est l'ignorance même. Dans certains cas [Michel Ardan] il se glisse dans l'aventure que le savoir autorise, et s'il pénètre dans l'espace ménagé par le calcul, c'est comme dans une espèce de jeu : pour voir. Dans d'autres cas, il tombe involontairement dans le piège tendu. Certes, il apprend au fil des épisodes; mais son rôle n'est jamais d'acquérir ce savoir et d'en devenir à tour maître et possesseur. Ou bien pur témoin, il est là pour raconter ce qu'il a vu; ou bien sa fonction est de détruire et d'effacer jusqu'aux traces de l'infernal savoir [c'est le cas de Jane Buxton dans *La Mission Barsac*]. Et à y regarder de près les deux fonctions se rejoignent; il s'agit dans les deux cas, de réduire la [fabuleuse] réalité à la pure [et fictive] vérité d'un récit. Maston, le savant innocent, aidé par l'innocence et ignare Evangelina Scorbitt, est celui dont la «fêlure» à la fois rend possible l'impossible entreprise et cependant la voue à l'échec, l'efface de la réalité pour l'offrir à la vaine fiction du récit.

Il faut remarquer qu'en général les grands calculateurs de Jules Verne se donnent ou reçoivent une tâche fort précise : empêcher que le monde ne s'arrête par l'effet d'un équilibre qui lui serait mortel; retrouver des sources d'énergie, découvrir le foyer central, prévoir une colonisation planétaire, échapper à la monotonie du règne humain. Bref, il s'agit de lutter contre l'entropie. De là [si on passe du niveau de la fable à celui de la thématique], l'obstination avec laquelle reviennent les aventures du chaud et du froid, de la glace et du volcan, des planètes incendiées et des astres morts, des altitudes et des profondeurs, de l'énergie qui propulse et du mouvement qui retombe. Sans cesse, contre le monde le plus probable - au monde neutre, blanc, homogène, anonyme - le calculateur [génial, fou, méchant ou distrait] permet de découvrir un foyer ardent qui assure le déséquilibre et garantit le monde contre la mort. La faille où se loge le calculateur, l'accroc que sa déraison ou son erreur ménage sur la grande surface du savoir, précipitent la vérité dans le fabuleux événement où elle devient visible, où les énergies de nouveau se répandent à profusion, où le monde est rendu à une nouvelle jeunesse, où toutes les ardeurs flamboient et illuminent la nuit. Jusqu'à l'instant [infiniment proche du premier] où l'erreur se dissipe, où la folie se supprime elle-même, et où la vérité est rendue à son moutonnement trop probable, à son indéfinie rumeur.

On peut saisir maintenant la cohérence entre les modes de la fiction, les formes de la fable, et le contenu des thèmes. Le grand jeu d'ombres qui se déroulait derrière la fable, c'était la lutte entre la probabilité neutre du discours scientifique [cette voix anonyme, monocorde, lisse, venant on ne sait d'où et qui s'insérait dans la fiction, lui imposant la certitude de sa vérité] et la naissance, le triomphe et la mort des discours improbables en qui s'esquissaient, en qui disparaissaient aussi les figures de la fable. Contre les vérités scientifiques et brisant leur voix glacée, les discours de la fiction remontaient sans cesse vers la plus grande improbabilité. Au-dessus de ce murmure monotone en qui s'énonçait la fin du monde, ils faisaient fuser l'ardeur asymétrique de la chance, de

l'invraisemblable hasard, de la déraison impatiente. Les romans de Jules Verne, c'est la négentropie du savoir. Non pas la science devenue récréative; mais la re-création à partir du discours uniforme de la science.

Cette fonction du discours scientifique [murmure qu'il faut rendre à son improbabilité] fait penser au rôle que Roussel assignait aux phrases qu'il trouvait toutes faites, et qu'il brisait, pulvérisait, secouait, pour en faire jaillir le miraculeuse étrangeté du récit impossible. Ce qui restitue à la rumeur du langage le déséquilibre de ses pouvoirs souverains, ce n'est pas le savoir [toujours de plus en plus probable], ce n'est pas la fable [qui a ses formes obligés], c'est, entre les deux, et comme dans une invisibilité de limbes, les jeux ardents de la fiction.

Par leurs thèmes et leur fable, les récits de Jules Verne sont tout proches des romans d'«initiation» ou de «formation». Par la fiction, ils en sont aux antipodes. Sans doute, le héros naïf traverse ses propres aventures comme autant d'épreuves marquées par les événements rituels : purification du feu, mort glacée, voyage à travers une région dangereuse, montée et descente, passage au point ultime d'où il ne devrait pas être possible de revenir, retour quasi-miraculeux au point de départ. Mais de plus toute initiation ou toute formation obéit régulièrement à la double loi de déception et de la métamorphose. Le héros est venu chercher une vérité qu'il connaissait de loin et qui scintillait pour ses yeux innocents. Cette vérité, il ne la trouve pas, car elle était celle de son désir ou de sa vaine curiosité; en revanche une réalité qu'il ne soupçonnait pas s'est révélée à lui, plus profonde, plus réticente, plus belle ou plus sombre que celle dont il était familier : cette réalité,

c'est lui-même et le monde transfigurés l'un pour l'autre; charbon et diamant ont échangé leur noirceur, leur éclat. Les *Voyages* de Jules Verne obéissent à une loi tout opposée : une vérité se déroule, selon ses lois autonomes, sous les yeux étonnés des ignorants, blasés de ceux qui savent. Cette nappe lisse, ce discours sans sujet parlant serait resté dans sa retraite essentielle, si l'«écart» du savant [son défaut, sa méchanceté, sa distraction, l'accroc qu'il forme dans le monde] ne l'avait provoqué à se montrer. Grâce à cette mince fissure, les personnages traversent un monde de vérité qui demeure indifférent, et qui se referme sur soi aussitôt qu'ils sont passés. Quand ils reviennent, ils ont vu et appris, certes, mais rien n'est changé, ni sur le visage du monde, ni dans la profondeur de leur être. L'aventure n'a laissé aucune cicatrice. Et le savant «distrait» se retire dans l'essentielle retraite du savoir. «Par la volonté de son auteur, l'œuvre de Camaret était morte toute entière et rien ne transmettrait aux âges futurs le nom de l'inventeur génial et dément.» Les voix multiples de la fiction se résorbent dans le murmure sans corps de la science; et les grandes ondulations du plus probable effacent de leur sable infini les arêtes du plus improbable. Et ceci jusqu'à la disparition et à la réapparition probables de toute la science, que Jules Verne promet, au moment de sa mort, dans l'Eternel Adam.

«Mademoiselle Mornas a une façon à elle de vous aborder par un Ini-tié [bonjour], je ne vous dis que ça.» Mais au sens où on dit : Initié, bonsoir.

Michel Foucault

Dans la préface de «Jouvences sur Jules Verne», Michel Serres parle de la terre finie et du voyage de l'homme – l'objet et le sujet de l'œuvre de Jules Verne.

Le dix-neuvième siècle paraît s'être donné pour tâche l'épuisement exhaustif de totalités locales, et leur épuisement distributif global. Qu'il soit question de sciences, d'histoire, de philosophie, de littérature..., de toutes ces classes que notre imbécillité propre partage, le même horizon s'installe partout. Pourquoi, comment, etc., ce n'est pas l'affaire aujourd'hui de le dire. Jules Verne est de son temps, son œuvre est un cycle de cycles, au sens où Hegel prétendait que l'*Encyclopédie* est un cercle de cercles. Un cycle de voyages cycliques, tout d'abord, dans l'espace commun du déplacement. Tantôt de manière naïve, tantôt de façon plus sophistiquée. Grands cercles, méridiens, ellipses, loxodromies, courbes tracées sur des surfaces et refermées sur soi. Le retour et l'aller. Jusqu'à découvrir, au bout de trente années d'effort, cette loi Antifer qui porte sur sept cercles et le centre de trois centres. Clôtures géométriques, spatiales, qui fouillent les terres connues et inconnues, les océans, les déserts, les forêts et les fleuves. Au bout de tous les parcours, au terme des rencontres, il ne reste plus un lieu du globe où l'on ne soit passé, au sol, dans les entrailles ou en survol, y compris le système solaire, qui, on le sait depuis Laplace, est notre fermeture maximale, stable, circulaire, équilibrée, close. Il n'y a pas une ligne droite chez Verne, pas une seule, il faut oublier la plus simpliste des géométries pour le prétendre. Pour aller de Rome à Moscou, et inversement, toutes les routes sont courbes, y compris la plus courte. Bouclée sur elle-même. Tout parcours, en ces lieux, est homéomorphe à un cercle. Les *Voyages extraordinaires* marquent ainsi la fin de l'âge des voyages, le moment où l'ensemble des passages est forclos. La Terre est finie. Boule dans le filet des routes combinées, dans un système où le réseau des forces est en place. Preuve en est qu'on y suit, le plus souvent, des traces, que le héros n'est que second. Après Ulysse ou Gilgamesh, après Saknussem ou Livingstone, peut-on écrire plus qu'une Télémachie ? Voyages pour enfants, voyages des enfants. Donc au second degré, ou, comme on dit, de la deuxième génération.

Qu'est-ce donc qu'un voyage second ? Tout le monde connaît l'histoire, toujours centrée sur nous, des grandes explorations. Les vagues successives d'appropriation de la terre. Qu'on dit premières, à notre bénéfice. On connaît moins le mouvement nouveau qui saisit l'Occident au début du XIXe siècle : le voyage mondial des savants. Ce ne sont plus les marins, les soldats, les agriculteurs ou les missionnaires qui s'approprient la terre, ce sont les scientifiques. Astronomes au Cap, physiciens en Amérique du Sud, métreurs, cartographes et géologues partout. Notre géographie envahit la planète. Voilà créé le voyage second. La réappropriation par le savoir. La géographie, ce n'est pas autre chose, son acte de naissance est là, le moment où le savoir occidental devient universel, non point en droit, mais pour l'espace. Le globe est la propriété, c'est-à-dire le vol, de certaine raison. Le grand impérialisme fin de siècle se reflète, chez Verne et ailleurs, dans cette mainmise du savoir sur l'univers. Alors, la terre cycle, l'espace courbe pour les déplacements, est, identiquement, le lieu de l'encyclopédie. Le savoir est, sans tremblé, celui des choses et du monde. Il s'y applique sans lacune ni excès. Ce lieu mime la science, mieux qu'il ne l'a jamais fait, chez Homère, Bacon ou Leibniz. Il n'y a de théorie que positive, réalisée, ici, là ou ailleurs. Ainsi part-on en astronomie, mécanique, géologie, systématique, géodésie, résistance des matériaux, balistique... Au lieu où gît le problème ou la solution. Le sous-marin plonge dans l'épaisseur des classifications, au centre de l'Afrique tel village aérien montre le chaînon, partout ailleurs absent, des animaux à l'homme. Et, de nouveau, nulle région n'existe qui ne doive être traversée, de ce pays d'encyclopédie, qui est le monde même, les terres connues, classées par Auguste Comte, et les inconnues, le non-su temporaire qu'explore le récit. La carte positiviste est méthodiquement parcourue, jusques et y compris la sociologie, avec la même insistance sur la mécanique, terrestre et céleste, et la biologie, taxinomies et milieu, avec la même fascination des combinaisons et de la circularité. Au bout du compte, les *Voyages extraordinaires* sont le *Cours de philosophie positive* à l'usage de tous. Même cartographie du savoir, même idéologie du connaître.

Michel Serres,
Jouvences sur Jules Verne, 1974

Les reliures Hetzel pour l'œuvre de Jules Verne

La machinerie mise au point, il y a plus de cent ans, par un éditeur constamment inventif, amoureux d'esthétique nouvelle et doué de surcroît «d'un sens du marketing étonnant pour son temps», aborde l'ère moderne quasi intacte et brise au passage les habitudes des libraires et même celles des amateurs. Désormais, entre le veau marbré du XVIIe siècle et le livre de luxe en feuilles du XXe, la reliure cartonnée trouve sa place.

De sa librairie Jules Verne, rue Lagrange à Paris, Michel Rœthel, expert près la Cour d'Appel, présente le vaste domaine des reliures Hetzel.

Janvier 1863 : le premier roman de Jules Verne, *Cinq semaines en ballon*, paraît à la vitrine des libraires. C'est un volume de petites dimensions (12x18,6 cm), broché sous simple couverture imprimée. Succès immédiat. En moins de quatre ans, attestant la capacité de l'auteur, vont se succéder, sous cette même forme «livre de poche», trois nouveaux chefs-d'œuvres : *Voyage au centre de la terre*, *De la Terre à la Lune*, et *Voyages et aventures du capitaine Hatteras* (mai 1866 en deux volumes).

Après si peu de temps de collaboration, les choses se dessinent clairement pour l'éditeur Hetzel, que son flair légendaire n'avait pas trompé. La fécondité de Jules Verne respectait en effet les données d'un contrat exigeant : deux courts romans par an ou bien la matière d'un fort volume, et la faveur persistante du public confirmait largement le succès des premières ventes.

Or, on ne s'adressait encore qu'à des «lecteurs». L'engouement produit chez les jeunes aussi bien que l'intérêt suscité chez les parents incitèrent Hetzel à offrir à une frange de ce public, la plus passionnée ou la plus fortunée, la possibilité de conserver les ouvrages sous une forme plus solide, mais aussi plus plaisante que d'ordinaire. Le «lecteur» se doublerait ainsi d'un «collectionneur».

Restait à trouver, pour les volumes élus, la forme (28x19 cm sera le format choisi) et l'esprit d'un cadeau qu'on offre ou qu'on se fait soi-même, la période généralement choisie par Hetzel pour la mise sur le marché étant évidemment celle des étrennes.

L'idée de Hetzel fut, une fois ces textes palpitants illustrés d'images évocatrices par de grands noms de la gravure, d'habiller enfin le tout d'une percaline de couleur vive sur laquelle s'imprime un décor rappelant le sujet de l'ouvrage.

Vers la reliure industrielle

«Innovant superbement en fonction des ressources de l'époque, il va faire des tristes servitudes de la décadence d'un art traditionnel (la reliure) un élément surprenant de réussite. Du «cache-misère» de toile collée sur carton qui depuis le début du XIXe siècle remplaçait les reliures de peau, Hetzel, à l'instar des grands relieurs romantiques, fait naître et s'épanouir le glorieux cartonnage en appliquant au livre les techniques de la révolution industrielle.

D'une production qui aurait pu être banale dans la quantité, il fait surgir d'année en année, au gré des nouveautés proposées par son auteur fétiche, une extraordinaire gamme de variétés, de raffinements, de richesses et de sophistications qui élève d'emblée l'acheteur au rang d'amateur. Le «cartonnage» résultant de l'association Hetzel-Jules Verne est un symbole très significatif des modifications de la société entraînées par l'industrialisation.

De Balzac à Verne, Hetzel est bien l'homme de son siècle, cet extraordinaire XIXe siècle, caractérisé par la curiosité des esprits, l'innovation technique, le développement de l'entreprise, la démocratisation des objets de luxe et les «divagations» du goût.

Il n'est pas surprenant de constater que les plats et les dos des «cartonnages» soient frappés de symboles thématiques qui ouvrent les plus vastes perspectives : l'ancre, le phare, le navire...» (Claude Benoît, «Jules Verne et la mer», *Revue maritime*, mai 1984).

Les reliures successives

Précisément, pour illustrer ces propos, et en suivant la chronologie de l'œuvre vernienne, voici maintenant l'énumération des types de reliures à décor successivement adoptés pour les *Voyages extraordinaires*

Les quatre décors personnalisés

Décembre 1866 : *Voyages et aventures du capitaine Hatteras*; plaque spéciale représentant le *Forward* au milieu des glaces.
1867 : *Cinq semaines en ballon*, *Voyage au centre de la Terre*; un médaillon avec double sujet, le *Victoria* et le lac souterrain d'un décor préhistorique.
1868 : *Les Enfants du capitaine Grant*; deux mappemondes et un navire.
Novembre 1871 : *Vingt mille lieues sous les mers*; plongeur évoluant derrière un hublot du *Nautilus*.

La première série uniforme, dite «à l'obus»

1872 : *De la Terre à la Lune*, suivi d'*Autour de la Lune*.

1872 : *Une ville flottante, Aventures de trois Russes et de trois Anglais.*
1873 : *Le Pays des fourrures.*
1874 : *Le Docteur Ox, Le Tour du monde en 80 jours.*

Série bicolore dite «à la bannière»

1875 : *L'Ile mystérieuse.*
1876 : *Michel Strogoff.*
1877 : *Les Indes noires, Le Chancellor.*
1885 : *Mathias Sandorf* (le seul à la bannière argentée).

Série dite «aux deux éléphants»

1877 : *Hector Servadac.*
1878 : *Un capitaine de quinze ans.*
1879 : *Les Tribulations d'un Chinois en Chine. Les Cinq Cents Millions de la Bégum.*
1880 : *La Maison à vapeur.*
1881 : *La Jangada.*

1882 : *L'Ecole des Robinsons. Le Rayon vert.*
1883 : *Kéraban le Têtu.*
1884 : *L'Etoile du Sud. L'Archipel en feu.*
1886 : *Robur le Conquérant. Un billet de loterie.*
1887 : *Nord contre Sud.*
1888 : *Deux ans de vacances.*
1889 : *Sans dessus dessous. Le Chemin de France.*
1889 : *Famille sans nom.*
1890 : *César Cascabel* (le seul au cartouche argenté).

Un duo d'exception, dit «à la sphère céleste»

1877 : *Hector Servadac.*
1880 : *De la Terre à la Lune,* suivi d'*Autour de la Lune* (rééd.).

Les polychromes, dos «au phare»

– Le plat «au portrait» :
1891 : *Mistress Branican* (le seul au portrait imprimé).
1892 : *Claudius Bombarnac. Le Château des Carpathes* (portrait collé).
1893 : *P'tit Bonhomme* (idem).
1894 : *Mirifiques aventures de maître Antifer* (idem).
1895 : *L'Ile à hélices* (idem).
– Le plat «au globe doré» :
1896 : *Face au drapeau, Clovis Dardentor.*
1897 : *Le Sphinx des glaces.*
1898 : *Le Superbe Orénoque.*
1899 : *Le Testament d'un excentrique.*
1900 : *Seconde patrie.*
1901 : *Le Village aérien. Les Histoires de Cabidoulin.*
1902 : *Les Frères Kip.*
1903 : *Bourses de voyage.*
1904 : *Maître du monde. Un drame en Livonie.*
– Le plat «à un éléphant» (titre stylisé dans un éventail) :
1905 : *L'Invasion de la mer. Le Phare du bout du monde.*

1906 : *Le Volcan d'or.*
1907 : *L'Agence Thompson and Co.*
1908 : *La Chasse au météore. Le Pilote du Danube.*
1909 : *Les Naufragés du Jonathan.*
1910 : *Le Secret de Wilhelm Storitz. Hier et demain.*

La trilogie des dos «à l'ancre»

Le plat offre les éléments du «Portrait»... sans le portrait, remplacé par un cartouche de titre.
De 1895 à la fin : *Les Enfants du capitaine Grant* (rééd.). *L'Ile mystérieuse* (idem). *Mathias Sandorf* (idem).

Les «plaquettes»

Pour les volumes qui n'atteignent le gabarit conforme au contrat qu'à condition de réunir deux courts romans, chacun de ces deux titres fait l'objet en cours d'année d'une parution préalable sous la forme d'un ouvrage plus mince.

De *Cinq semaines en ballon* (1867) à *Hier et demain* (1910), ces «plaquettes» passeront par quatre présentations successives, à savoir :
1867-1874 : le plat «aux deux bouquets de roses», pour huit titres.
1875-1889 : le plat «aux initiales J.V. et J.H.», pour douze titres.
1892-1905 : le plat «au steamer» (à pastille dorée), pour neuf titres.
1905-1910 : le plat «à la feuille d'acanthe», pour les cinq derniers titres.

A chaque changement de décor, tous les volumes déjà parus, simples ou doubles, sont tenus – sauf de rares exceptions – d'adopter la nouvelle mode, ce qui confère à une collection qui se voudrait exhaustive (!) le caractère d'une progression géométrique, le foisonnement des couleurs de la «palette Hetzel» pour la période monochrome (jusqu'en 1890), venant encore compliquer les choses en les ramifiant comme à plaisir!

D'Hetzel à Hachette

En 1914, le fils Hetzel, resté seul aux commandes de la vieille maison après la mort du fondateur et celle, plus récente (1905) de l'auteur phare, en proie à des difficultés de toutes sortes, se résigne à céder l'entreprise à la puissante maison Hachette. C'est sous ce nouveau sigle que paraîtra en 1919 le dernier Jules Verne posthume, *L'Etonnante Aventure de la mission Barsac*, retrouvé et achevé par son fils Michel qui l'apporte à la nouvelle direction, clôturant ainsi le cycle des quarante-sept gros volumes des *Voyages extraordinaires*.

Michel Rœthel

CHRONOLOGIE

1828 Le 8 février, Jules Verne naît à Nantes dans l'île Feydeau, fils de Pierre Verne, avoué, et de Sophie Allotte de La Fuÿe.

1829 Le 26 juin, naissance de son frère Paul, puis de ses trois sœurs : Anna (1837-1919), épouse Ducrest de Villeneuve; Mathilde (1839-1920), épouse Fleury; Marie (1842-1913), épouse Guillon.

1833-1846 Fréquente l'institut de Mme Sambin, veuve d'un capitaine au long cours, puis l'école Saint-Stanislas, le petit séminaire de Saint-Donatien et enfin le Collège royal, futur lycée de Nantes. Depuis 1840, vit dans l'île Feydeau, au 6, rue Jean-Jacques Rousseau. A la belle saison, la famille Verne habite à Chantenay, dans les environs de Nantes.

1846 Bachelier. Fera du droit pour plaire à son père.

1847 En avril, part pour Paris. Il y passe ses examens de première année de droit. Ses parents l'éloignent de Nantes où, le 27 avril, sa cousine Caroline Tronson (1826-1902), dont il est amoureux, se marie avec Emile Dezaunay.

1847-1848 Eprouve une violente et durable passion pour Herminie Arnault-Grossetière (1827-?) et lui dédie de nombreuses poésies.

1848 En juillet, retour à Paris pour ses examens de deuxième année de droit. Apprend le mariage d'Herminie, le 19 juillet, avec Armand Terrien de la Haye et envoie le 30 juillet à sa mère la «lettre du rêve». Fréquente quelques salons littéraires et, dès cette époque, se sent plus attiré par la littérature que par le droit.

1849 Licencié en droit. Ecrit de nombreuses pièces de théâtre. Se lie avec Alexandre Dumas fils et fonde le dîner des «Onze-sans-femme».

1850 Le 12 juin, première représentation des *Pailles rompues*, première pièce jouée et premier texte imprimé. Sympathise avec un musicien nantais, Aristide Hignard, pour lequel il écrit des livrets d'opéra-comique. Achève *Quiridine et Quidnerit*.

1851 Ses premières nouvelles paraissent dans *Le Musée des familles*, dirigé par le Breton Pitre-Chevalier : *Les Premiers Navires de la marine mexicaine* et *Un voyage en ballon*. En octobre, première crise de paralysie faciale. Commence à écrire *Monna Lisa*.

1852 Refuse la succession de son père pour se consacrer aux lettres. Ecrit *Pierre-Jean*. Dans *Musée*, *Martin Paz* et *Les Châteaux en Californie*. Devient secrétaire du Théâtre lyrique.

1853 Première de *Colin-Maillard*, musique d'Hignard. Paul Verne revient d'Haïti, on fête son retour à La Guerche, chez l'oncle Prudent. Jules Verne rencontre à Nantes Laurence Janmar dont il s'amourache. Ecrit *Le Siège de Rome*.

1854 En juin, mort de Jules Seveste, directeur du Théâtre lyrique, ce qui libère Jules Verne de ses fonctions de secrétaire. Laurence Janmar se marie en août. Au *Musée*, *Maître Zacharius*.

1855 Première des *Compagnons de la Marjolaine*, musique d'Hignard. Deuxième crise de paralysie faciale et craintes digestives. Il veut se marier. Ecrit *Le Mariage de M. Anselme des Tilleuls* et travaille sur la pièce *Les Heureux du jour*. Au *Musée*, *Un hivernage dans les glaces*. Première chanson parue : *En avant les zouaves!!*

1856 Le 17 mai, part pour Amiens au mariage de son ami Auguste Lelarge avec Mlle Aimée de Viane. Tombe amoureux d'Honorine de Viane, une jeune veuve mère de deux filles, sœur de la mariée. Décide de travailler à la Bourse pour améliorer ses finances. Ecrit *San Carlos*. Publie la chanson *Daphné*, musique d'Hignard.

1857 Le 10 janvier, mariage à Paris de Jules et d'Honorine dans la plus grande simplicité. Premier recueil de chansons, musique d'Hignard.

1858 Le 17 février, première de *M. de Chimpanzé*, musique d'Hignard. Troisième crise de paralysie faciale.

1859 Avec Hignard, voyage en Angleterre et en Ecosse; le long récit, *Voyage en Angleterre et en Ecosse*, reste inédit. La description des sites écossais se retrouve dans *Les Indes noires* et dans *Le Rayon vert*. Paul Verne quitte la marine et se marie avec Berthe Meslier de Montarand; il travaillera lui aussi en Bourse.

TÉMOIGNAGES ET DOCUMENTS

1860   Première de *L'Auberge des Ardennes*, musique d'Hignard.

1861   Le 1er juin, première de *Onze jours de siège*.
Le 15 juin, second voyage maritime avec Hignard en Norvège et en Scandinavie; le carnet de route (disparu) est utilisé pour écrire *Un billet de loterie*.
Le 3 août, en son absence, naissance de Michel Verne, son seul enfant.

1862   Vers octobre, rencontre avec Hetzel. *Un voyage en l'air* devient *Cinq semaines en ballon*.
Le 23 octobre, premier contrat avec l'éditeur.

1863   Le 31 janvier, mise en vente du premier *Voyage extraordinaire*, *Cinq semaines en ballon*. Est censeur de la «Société d'encouragement pour la locomotion aérienne au moyen d'appareils plus lourds que l'air», fondée par Nadar. Deuxième recueil de chansons, musique d'Hignard. Dans *Musée*, *A propos du «Géant»*.

1864   Le 1er janvier, second contrat avec Hetzel. Dans *Musée*, *Edgard Poe et ses œuvres*. Hetzel refuse le manuscrit de *Paris au XXe siècle*.
Le 20 mars, premier numéro du *Magasin d'éducation et de Récréation* avec les *Aventures du capitaine Hatteras*. En librairie, *Voyage au centre de la Terre*. Dans *Musée*, *Le Comte de Chanteleine*. Quatrième crise de paralysie faciale. S'installe à Auteuil.

1865   En librairie, *De la Terre à la Lune*. Dans *Musée*, *Les Forceurs de blocus*. Dans *Magasin*, *Les Enfants du capitaine Grant* (du 20 décembre 1865 au 5 décembre 1867). Se livre à la navigation à partir du Crotoy. Ecrit *L'Oncle Robinson*, manuscrit refusé par Hetzel; remanié, deviendra *L'Ile mystérieuse*. Mort d'Estelle Hénin, épouse Duchesnes, à vingt-neuf ans («maîtresse» de l'auteur). S'installe au Tréport et conserve à Paris un pied-à-terre, rue de Sèvres.
Troisième contrat, s'engage pour trois volumes par an. Membre de la Société de géographie.

1866   Ecrit au Crotoy la *Géographie de la France et de ses colonies*, commencée par Lavallée. Travaille à *Vingt mille lieues sous les mers*.

1867   Embarque avec son frère Paul sur le *Great Eastern* pour se rendre aux Etats-Unis; voit New York et les chutes du Niagara.

1868   Aménage une chaloupe, baptisée *Saint-Michel*. Quatrième contrat.

1869   Dans *Magasin*, *Vingt mille lieues sous les mers*; Arthur Rimbaud s'en inspire pour écrire «Le Bateau ivre». Dans *Les Débats*, *Autour de la Lune*.

1870   Dans *Les Débats*, *Une ville flottante*. Chez Hetzel, *Découverte de la Terre*. Promu chevalier de la Légion d'honneur. Ecrit *Le Humbug*. Pendant la guerre, garde-côte au Crotoy; sa femme et ses enfants se retirent à Amiens.

1871   Dans *Magasin*, *Aventures de trois Russes et de trois Anglais*. Cinquième contrat, ne doit plus que deux volumes annuels au lieu de trois.
Le 3 novembre, mort de Pierre Verne. En juillet, s'installe à Amiens.

1872   Dans *Musée*, *Une fantaisie du docteur Ox*. Est élu à l'académie d'Amiens. Les *Voyages extraordinaires* sont couronnés par l'Académie française. Dans *Magasin*, *Le Pays des fourrures*. Dans *Le Temps*, *Le Tour du monde en 80 jours*.

1873   Première d'*Un neveu d'Amérique*. A Amiens, monte en ballon et en donne le récit, *Vingt-quatre minutes en ballon*. Dans *Bulletin de la Société de géographie*, *Les Méridiens et le calendrier*. Emménage au 44, boulevard Longueville.

1874   Dans *Magasin*, *L'Ile mystérieuse*. Dans *Le Temps*, *Le Chancellor*. Première de la pièce *Le Tour du monde en 80 jours*. Le recueil *Le Docteur Ox*, paru chez Hetzel, contient des nouvelles du *Musée*, remaniées et censurées.

1875   A l'académie d'Amiens, reçoit Gustave Dubois et Gédéon Baril, lit *Une ville idéale*.

1876   Dans *Magasin*, *Michel Strogoff*. Achat du *Saint-Michel II*. Grave maladie d'Honorine Verne.

1877   Dans *Magasin*, *Hector Servadac*. Dans *Le Temps*, *Les Indes noires*. Achat du *Saint-Michel III*. Premier grand bal travesti, sans Honorine, malade à nouveau. Révolte de Michel Verne, envoyé en maison de redressement. Procès Pont-Jest pour le *Voyage au centre de la Terre*.

1878   Dans *Magasin*, *Un capitaine de quinze ans*. Première de la pièce *Les Enfants du capitaine Grant*. *Découverte de la Terre*, remaniée, paraît sous le titre général d'*Histoire des grands voyages et des grands voyageurs*.

166 TÉMOIGNAGES ET DOCUMENTS

Le 4 février, embarquement de Michel Verne vers les Indes par décision judiciaire. Première croisière du *Saint-Michel III* (Lisbonne, Tanger, Gibraltar, Alger).

1879 Dans *Le Temps, Les Tribulations d'un Chinois en Chine.* Dans *Magasin, Les Cinq Cents Millions de la Bégum,* avec – chez Hetzel – *Les Révoltés de la «Bounty».* En librairie, *Les Navigateurs du XVIIIe siècle,* 2e volume de l'*Histoire des grands voyages et des grands voyageurs.* Deuxième croisière du *Saint-Michel III* en Angleterre et en Ecosse.

1879-1881 Liaison (?) avec une Roumaine, Luise Teutsch (1845-?), séjournant à Amiens.

1880 Dans *Magasin, La Maison à vapeur.* Première de la pièce *Michel Strogoff.* 3e volume de l'*Histoire des grands voyages..., Les Voyageurs du XIXe siècle.* Mariage de Michel Verne avec Thérèse «du gazon».

1881 Dans *Magasin, La Jangada.* Troisième croisière vers la Hollande, l'Allemagne, jusqu'à Copenhague. A l'académie d'Amiens, réponse au discours de M. Pacaut, lit *Dix heures en chasse.*

1882 Dans *Magasin, L'Ecole des Robinsons.* Dans *Le Temps, Le Rayon vert.* Première de *Voyage à travers l'impossible.*
En octobre, s'établit au 2, rue Charles-Dubois.

1883 Dans *Magasin, Kéraban le Têtu.* Première de la pièce *Kéraban le Têtu.* Michel Verne enlève une jeune fille de seize ans, Jeanne Reboul (1867-1959).

1884 Dans *Le Temps, L'Archipel en feu.* Dans *Magasin, L'Etoile du Sud.* Dans *Le Figaro illustré,* la nouvelle *Frritt-Flacc.* Commence, sans doute, à écrire *Le Château des Carpathes.* Quatrième et dernière grande croisière du *Saint-Michel III* en Méditerranée.

1885 Dans *Le Temps, Mathias Sandorf.* Dans *Magasin, L'Epave du «Cynthia»,* en collaboration avec André Laurie. Deuxième bal travesti.

1886 Dans *Magasin, Un billet de loterie.* Dans *Les Débats, Robur le Conquérant.* Vente du *Saint-Michel III.*
Le 9 mars, attentat de Gaston Verne contre Jules Verne.
Le 17 mars, mort d'Hetzel. Michel Verne, déjà père de deux enfants, divorce et se remarie avec Jeanne Reboul.

1887 Dans *Le Temps, Le Chemin de France,* avec – chez Hetzel – *Gil Braltar.* Dans *Magasin, Nord contre Sud.* Première de la pièce *Mathias Sandorf.*
Le 15 février, mort de sa mère, Sophie Verne.
En novembre, fait une tournée en Belgique et aux Pays-Bas et y lit les *Aventures de la famille Raton,* conte de fées.

1888 Dans *Magasin, Deux ans de vacances.* En mai, élu conseiller municipal d'Amiens (sera réélu en 1892, 1896 et 1900).

1889 Dans *Magasin, Famille Sans-Nom.* En librairie, *Sans dessus dessous* (d'après des notes de Badoureau). Inaugure le cirque municipal d'Amiens.

1890 Dans *Magasin, César Cascabel.* Lit à l'académie d'Amiens *La Journée d'un journaliste en 2890,* œuvre remaniée par son fils. Divers ennuis de santé qui iront en s'aggravant.

1891 Dans *Magasin, Mistress Branican.* Dans *Le Figaro illustré, Aventures de la famille Raton.* Prononce le discours *Trop de fleurs.*

1892 Dans *Le Soleil, Claudius Bombarnac.* Dans *Magasin, Le Château des Carpathes.* A l'académie, réponse au discours de M. Ricquier. Ecrit le premier jet d'*Un drame en Livonie,* sans doute remanié en 1903 par Michel Verne. Naissance d'un troisième petit-fils, Jean (1892-1980), après Michel (1885-1960) et Georges (1886-1911). Nommé officier de la Légion d'honneur.

1893 Dans *Magasin, P'tit Bonhomme.* Dans *Le Figaro illustré,* numéro de Noël, *M. Ré-dièze et Mlle Mi-bémol.*

1894 Dans *Magasin, Mirifiques aventures de Maître Antifer.* Ecrit *Souvenirs d'enfance et de jeunesse.* Prononce le discours *Le Président malgré lui.*

1895 Dans *Magasin, L'Ile à hélice.* Ecrit *Le Beau Danube jaune.* Michel Verne collabore avec son père. Se plaint de vertiges.

1896 Dans *Magasin, Face au drapeau* et *Clovis Dardentor.* Procès Turpin pour *Face au drapeau.* Crampe de l'écrivain.

1897 Dans *Magasin, Le Sphinx des glaces.* Le 27 août, mort de Paul Verne. Ecrit *En Magellanie.* La santé se dégrade (vertiges, troubles digestifs, baisse de la vision et de l'audition, marche difficile).

1898 Dans *Magasin, Le Superbe Orénoque.* Ecrit *Le Volcan d'or.*

- 1899 Dans *Magasin, Le Testament d'un excentrique*.
  En août, dernier voyage : vacances aux Petites-Dalles, en Normandie.
- 1900 Dans *Magasin, Seconde Patrie*.
  En octobre, après la mort de sa gouvernante, retourne habiter dans la plus petite maison du boulevard Longueville.
- 1901 Dans *Magasin, Le Village aérien* (sous le titre *La Grande Forêt*) et *Les Histoires de Jean-Marie Cabidoulin*. Ecrit *La Chasse au météore* et *Le Secret de Wilhelm Storitz*.
- 1902 Dans *Magasin, Les Frères Kip*.
  Vieillit beaucoup; le 1er novembre, il s'en plaint : «Les mots s'en vont et les idées ne viennent plus.»
- 1903 Dans *Magasin, Bourses de voyages*.
- 1904 Dans *Magasin, Un drame en Livonie* et *Maître du monde*.
- 1905 Dans *Magasin, L'Invasion de la mer* et *Le Phare du bout du monde*.
  Le 24 mars, après une dernière crise de diabète, mort de Jules Verne.

Bio-bibliographie
établie par Olivier Dumas,
Editions de la Manufacture

Tirages de tous les titres parus du vivant de Jules Verne entre 1863 et 1904.

Titre	Tirage	Titre	Tirage
Cinq semaines en ballon	76 000	Robur-le-Conquérant	12 000
De la Terre à la Lune	37 000	Billet de loterie	10 000
Centre de la Terre	48 000	Nord contre Sud	9 000
Capitaine Hatteras	37 000	Rayon vert	14 000
Enfants du capitaine Grant	38 000	Deux ans de vacances	8 000
Vingt mille lieues	50 000	Sans dessus dessous	8 000
Autour de la Lune	31 000	César Cascabel	9 000
Ville flottante	28 000	Famille Sans-Nom	7 000
Pays des fourrures	26 000	Chemin de France	10 000
Docteur Ox	33 000	Mistress Branican	7 000
Ile mystérieuse	44 000	Château des Carpathes	9 000
Le Chancellor	26 000	Claudius Bombarnac	8 000
Trois Russes, trois Anglais	36 000	P'tit Bonhomme	6 000
Michel Strogoff	49 000	Maître Antifer	7 000
Indes noirs	31 000	Ile à hélice	7 000
Hector Servadac	18 000	Face au drapeau	12 000
Tour du monde en 80 jours	108 000	Clovis Dardentor	6 000
Capitaine de quinze ans	31 000	Sphinx des glaces	6 000
Chinois en Chine	28 000	Superbe Orénoque	5 000 (non épuisé)
500 Millions Bégum	17 000	Testament d'un excentrique	6 000
Maison à vapeur	18 000	Seconde patrie	4 000 (non épuisé)
Jangada	17 000	Jean-Marie Cabidoulin	5 000
Ecole des Robinsons	10 000 (non épuisé)	Village aérien	6 000
Kéraban le Têtu	13 000	Frères Kip	4 000 (non épuisé)
Etoile du Sud	10 000 (non épuisé)	Bourses de voyage	4 000 (non épuisé)
Archipel en feu	11 000	Drame en Livonie	4 000 (non épuisé)
Mathias Sandorf	10 000	L'Epave du «Cynthia»	6 000

Liste établie par Charles Noël Martin en 1978.

FILMOGRAPHIE

Lorsque dans *Le Château des Carpathes*, Jules Verne imagine le cinématographe, cinq ans avant son invention, il le voit sonore et en relief, holographique. L'écrivain est encore vivant quand tout jeune encore, le septième art s'empare de son œuvre. Le premier fasciné est Georges Méliès, le magicien du théâtre d'ombre. Inspiré par Michel Ardan, Nemo et le capitaine Hatteras, il s'embarque pour la lune, puis vers le fond des mers et à la conquête des pôles.

Le cinéma américain, dès ses débuts, reconnaît dans l'œuvre de Jules Verne une source inépuisable de films d'aventures. Durant le XXe siècle, Jules Verne est porté plus de cent fois au cinéma. Les films hollywoodiens dominent en nombre et par l'ampleur de leurs productions. Les cinéastes et scénaristes américains partagent avec Jules Verne une vision grandiose des possibilités de l'homme, mais ils s'écartent souvent et sans ménagement de l'œuvre originale si cela leurs paraît nécessaire pour mieux plaire au public.

A l'opposé, le metteur en scène tchécoslovaque Karel Zeman cherche à garder de Jules Verne l'originale fraîcheur dont l'œuvre rayonnait au XIXe siècle. En 1916, Michel Verne, qui vient de terminer les dernières adaptations des manuscrits posthumes de son père, se lance dans l'entreprise cinématographique. Il produit et réalise, entre 1916 et 1919, quatre films distribués par Eclair.

Autant que les traductions des livres, la production de films atteste l'universalité de Jules Verne. En Union soviétique comme aux Etats-Unis, du Mexique au Japon, de Hongrie en Espagne, le cinéma s'inspirant de son œuvre pour la transcrire utilise toutes les techniques et tous les trucages précurseurs de *La Guerre des étoiles*.

La télévision, à son tour, s'empare de Jules Verne. Dans les années 1960-1970, l'ORTF adapte les titres les plus connus, mais aussi des titres plus rares comme *Maître Zacharius* et *Le Secret de Wilhelm Storitz* ou *Le Château des Carpathes* réalisé en 1976 par Jean-Christophe Averty.

Jean Paul Dekiss

Un Capitaine de quinze ans : 1946, Jouravlev (URSS); 1974, Jess Franco (Esp.).
La Chasse au météore : 1966, Roger Iglésis (Fr.), ORTF.
Le Château des Carpathes :
1957, A. Cavalcanti (Roumain);
1976, J.-C. Averty (Fr.), A 2.
Les Cinq Cents Millions de la bégum :
1919, Michel Verne (Fr.).
Cinq Semaines en ballon : 1962, Irwin Allen (E.-U.).
De la terre à la lune : 1902, Georges Méliès (Fr.) : «Le Voyage dans la lune»; 1903, Segundo de Chomon (Esp.) : «Viaje a la Luna»; 1958, Byron Haskin (E.-U.); 1967, Don Sharp (G.-B.) : «Jules Verne's Rocket to the Moon», parodie; 1969, Roy Ward Baker (G.-B.) : «Moon Zero Two»; 1976, Juan Piquer (Esp.).
La Destinée de Jean Morénas :
1916, M. Verne (Fr.).
Deux Ans de vacances : 1962, Enrique Gomez Muriel (Esp.); 1974, Gilles Grangier (Fr.), ORTF.
Les Enfants du capitaine Grant : 1910, Henri Russell (Fr.); 1942, Vainstchok (URSS); 1963, Robert Stevenson (E.-U.).
L'Etoile du sud : 1969, Sidney Hayer (G.-B.).
Face au drapeau : 1957, Karel Zeman (Tcheq.) : «Aventures fantastiques»; ? : «For the Flag».
Hector Servadac : 1961, Edward Bernds (E.-U.) : «The Valley of the Dragons»; 1970, Karel Zeman (Tcheq.) : «L'Arche de M. Servadac».
L'Ile mystérieuse : 1927, Enrique Rambal (Esp.); 1929, M. Tourneur, B. Kristensen, L. Hubbard (E.-U.); 1941, E. A. Penzline et B. M. Chelintzen (URSS); 1950, Spencer Bennett (E.-U.); 1961, Cy Endfield (G.-B.); 1963, Pierre Badel (Fr.), ORTF; 1973, Juan A. Bardem (Esp.), ORTF.
Les Indes noires : 1917, ? (I.); ?, Michel Verne (Fr.); 1964, Marcel Bluwal (Fr.), ORTF.
L'Invasion de la mer : 1937, ? (URSS).
La Jangada : 1961, Emilio Gomez Muriel (Esp.) : «800 Leguas por el Amazonas»; 1963, ? : «Les Robinsons de l'Amazone».
Maître du monde : 1965, William Witney (E.-U.) : «Le Maître du monde»; ce film comporte aussi des éléments de «Robur le Conquérant».

Maître Zacharius : 1973, Pierre Bureau (Fr.), ORTF.
Mathias Sandorf : 1920, Henri Fescourt (Fr.); 1962, Georges Lampin (Fr.).
Michel Strogoff : 1908, ? (E.-U.); 1910, Searle Dawley (E.-U.); 1914, John Ince (E.-U.); 1914, Loyd B. Carleton (E.-U.); 1926, Victor Rourjansky (Fr.); 1935, Richard Eichberg (All.); 1936, Jacques de Baroncelli (Fr.); 1937, Georges Nicholls (E.-U.) : «The Soldier and the Lady»; 1942, Ermolieff (URSS); 1943, Miguel M. Delgado (Mex.); 1956, Carmine Gallone (I.-Fr.); 1961, Victor Tourjansky (Fr.) : cas particulier, il s'agit d'une suite au film précédent. Ce «Triomphe de Michel Strogoff» a été ensuite adapté en roman par Jean Jules-Verne, le petit-fils de l'écrivain; 1970, Eriprando Visconti (I.); 1976, Pierre Decourt (Fr.), TF1.
Monsieur Ré-dièze et Mademoiselle Mi-bémol : 1968, J. Trebouta (Fr.), ORTF : «L'Orgue fantastique».
Le Phare du bout du monde : 1971, Kevin Billington (Esp.).
Robur le Conquérant : 1909, Walter Booth (G.-B.) : «The Air-ship destroyed», ; 1965, William Witney (E.-U.), voir «Maître du monde».

Le Secret de Wilhelm Storitz : 1967, Eric Le Hung (Fr.), ORTF.
Le Tour du monde en quatre-vingts jours : 1913, Carl Werner (All.); 1919, Richard Oswald (All.); 1922, Reeves Eason et Robert F. Hill (E.-U.); 1937, ? (URSS); 1956, Michael Anderson (E.-U.); 1963, Norman Maurer (E.-U.) : «The Three Stooges Go around the World in a Daze», parodie; 1975, Jean Marsan et Jean Le Poulain (Fr.), A2.
Les Tribulations d'un Chinois en Chine : 1966, Philippe de Broca (Fr.).
Vingt Mille Lieues sous les mers :
1905, Mac Cutcheon (E.-U.); 1910, ? (G.-B.); 1915, J.E. Williamson et Stuart Paton (E.-U.); 1916, Michel Verne (Fr.); 1927, Enrique Rambal (Esp.); 1928, ? (E.-U.); 1937, ? (E.-U.); 1954, Richard Fleisher (E.-U.); 1969, James Hill (E.-U.) : «Le Capitaine Nemo et la ville sous-marine».
Voyage au centre de la terre : 1907, Segundo de Chomon (Esp.); 1959, Henri Levin (E.-U.); 1964, A. B. Crevenne (Mex.); 1977, Juan Piquer (Esp.).

Cette filmographie a été établie par
François Raymond

BIBLIOGRAPHIE

Bibliographies
Gondolo della Riva (Piero), *Bibliographie analytique de toutes les œuvres de Jules Verne*, Société Jules Verne, Paris, 1977 et 1985, 2 vol.
Margot (Jean-Michel), *Bibliographie documentaire sur Jules Verne*, chez l'auteur.

Ouvrages consacrés à l'auteur
Allotte de La Fuÿe (Marguerite), *Jules Verne, sa vie, son œuvre*, Kra, Paris, 1928; rééd. Hachette, modifiée, 1953.
Chesneaux (Jean), *Une lecture politique de Jules Verne*, Maspero, Paris, 1971.
Compère (Daniel), *La Vie amiénoise de Jules Verne*, C.N.D.P., Amiens, 1974; rééd. 1985.
Diesbach (Ghislain de), *Le Tour de Jules Verne en quatre-vingts livres*, Julliard, Paris, 1969.
Escaich (René), *Voyage au monde de Jules Verne*, Plantin, Paris, 1955.
Jules-Verne (Jean), *Jules Verne*, Hachette-Littérature, Paris, 1973.
Lemire (Charles), *Jules Verne*, Berger-Levrault, 1908.

Martin (Charles-Noël), *La Vie et l'œuvre de Jules Verne*, M. de l'Ormeraie, Paris, 1978.
Martin (Charles-Noël), *Recherches sur la nature, les origines et le traitement de la science dans l'œuvre de Jules Verne*, thèse de doctorat, 1980.
Moré (Marcel), *Le Très curieux Jules Verne*, Gallimard, Paris, 1960.
Robin (Christian), *Un Monde connu et inconnu : Jules Verne*, Nantes, 1978.
Serres (Michel), *Jouvences sur Jules Verne*, éd. de Minuit, Paris, 1974.
Soriano (Marc), *Jules Verne*, Julliard, Paris, 1978.
Vierne (Simone), *Jules Verne et le roman initiatique*, éd. du Sirac, Paris, 1973.
Vierne (Simone), *Jules Verne*, Balland, 1986.

Revues
L'Arc, n° 29, 1966.
Arts et Lettres, n° 15, 1949.
Arts et loisirs, n° 27, 1966.
Arts et métiers du livre, numéro spécial

P. -J. Hetzel, mai 1986.
Bulletins de la Société Jules Verne, trimestriel depuis 1967, 86 numéros parus, direction Olivier Dumas.
Cahiers du Centre d'études verniennes et du musée Jules-Verne, annuel. 7 numéros parus.
Colloque d'Amiens, Minard, 2 vol., 1979 et 1980.
Colloque de Cerisy, «Jules Verne et les sciences humaines», 10/18, 1979.
Europe, numéro spécial Jules Verne, avril-mai 1955.
Europe, numéro spécial Jules Verne, nov-déc. 1978.
Europe, mai 1980 : contient «Une correspondance inédite», présentée par P. Gondolo della Riva.
La Revue maritime, numéro spécial «Jules Verne et la mer», 1984.

Cahiers de l'Herne, Jules Verne, n° 25, direction P.-A. Touttain, 1974.
Revue des Lettres Modernes, Minard, série Jules Verne, direction François Raymond.

Bibliographie établie par Olivier Dumas, in *Jules Verne*, Editions de la Manufacture, Lyon, 1988

Parutions plus récentes
Compère (Daniel), *Jules Verne écrivain*, Droz-Histoire des idées et critique littéraire, Paris, 1991.
Parménie et de la Chapelle, *Histoire d'un éditeur et de ses auteurs, P.- J. Hetzel (Stahl)*, Albin Michel, Paris, 1985.
Vierne (Simone), *Mythe et modernité*, PUF-Collection écrivains, Paris, 1989.

TABLE DES ILLUSTRATIONS

COUVERTURE

Ier plat Jules Verne, photographie de Paul Nadar, et illustration pour *Robur le Conquérant*, édition Hetzel.
Dos Détail de reliure Hetzel, coll. part.
4e plat Trois reliures Hetzel, coll. part.

OUVERTURE

1 à 9 Reliure du *Maître du monde,* édition Hetzel, «Au steamer», coll. part.
11 Reliure Hetzel de Maître Antifer, coll. part.

CHAPITRE I

12 Affiche Hetzel, étrennes 1888. Nantes, musée Jules-Verne.
13 *Pauvre Robinson, Grand Théâtre en action,* Ier tableau. Nantes, musée Jules-Verne.
14 Sophie Allotte de la Fuÿe, peinture, coll. part.
14-15 Vue de Nantes prise des Salorges, gravure. Paris, Bibl. nat.
15 Pierre Verne, peinture, coll. part.
16 *Pauvre Robinson, Grand Théâtre* en action. Nantes, musée Jules-Verne.
16-17 Jules et Paul Verne, peinture, coll. part.
17h Page de titre du *Robinson Suisse* de J. D. Wyss, 1841. Nantes, musée Jules-Verne.
17b Locomotive Crampton, gravure.
18-19 Asselineau, «La Poissonnerie à Nantes», lithographie. Nantes, musée Jules-Verne.
19h Jules Verne enfant, image d'Epinal. Paris, Bibl. nat.
19b Caroline et Marie Tronson, peinture, coll. part.
20 «La République instruisant ses enfants», gravure, 1848. Paris, Bibl. nat.
20-21 Le 22 février 1848 à la Madeleine, gravure. Paris, Bibl. nat.
21g Bulletin de vote de l'Assemblée nationale, 1848. Paris, Bibl. nat.
21d Marrast, gravure. Paris, Bibl. nat.
22 E. Lami, *Une réception sous Louis-Philippe,* aquarelle. Paris, musée du Louvre.
22-23 Devéria, Alexandre Dumas père, lithographie. Paris, Bibl. nat.
23 Victor Hugo, peinture. Versailles, château.
24h Frédérick Lemaître, photographie.
24b Le Théâtre historique, gravure. Paris, musée Carnavalet.
24-25 Titre des *Pailles rompues*. Nantes, musée Jules-Verne.
25 Horace Vernet, Louis-Napoléon, président en 1849, dessin. Paris, Bibl. nat.
26-27h «L'Electricité», lithographie. Nantes, musée Jules-Verne.
26-27b Chemin de fer de Paris à Saint-Germain, lithographie.
27h Page de titre de *Foyers et coulisses* de Jacques Arago. Nantes, musée Jules-Verne.
27b Jacques Arago, gravure. Paris, Bibl. nat.
28 «Les Premiers Navigateurs de la marine mexicaine», gravure, in *Le Musée*

TABLE DES ILLUSTRATIONS

des familles, juillet 1851. Paris, Bibl. nat.
28-29 «Un voyage en ballon», gravure, in *Le Musée des familles*, août 1851. Paris, Bibl. nat.
29g Frontispice du *Musée des familles*, 1850/1851. Paris, Bibl. nat.
29d «Un hivernage dans les glaces», gravure, in *Le Musée des familles*, avril 1855. Paris, Bibl. nat.
30 «Maître Zacharius», gravure, in *Le Musée des familles*, 1854. Paris, Bibl. nat.
31 E. T. A. Hoffmann, autoportrait. Paris, Bibl. nat.
32 Le boulevard des Italiens en 1858, gravure.
32-33 Grand café de France, boulevard Bonne-Nouvelle, gravure. Paris, musée Carnavalet.
33 Alexandre Dumas père et fils, caricature. Paris, Bibl. nat.
34h Honorine de Viane, photographie. Nantes, musée Jules-Verne.
34-35 Décor d'une caricature de Béranger, gravure.
35h Michel Verne enfant, photographie. Nantes, musée Jules-Verne.
35b Gustave Doré, portrait d'Offenbach, gravure. Paris, Bibl. nat.

CHAPITRE II

36 Daumier, «La République», esquisse. Paris, musée d'Orsay.
37 Illustration pour *Voyages et découvertes de mademoiselle Lili*, gravure de P.-J. Stahl, édition Hetzel.
38g Illustration pour *Promenade de Dieppe aux montagnes d'Ecosse* de Nodier. Nantes, musée Jules-Verne.
38d Grotte de Fingal, gravure, coll. part.
39 Gil, caricature de P.-J. Stahl (Hetzel). Nantes, musée Jules-Verne.
40g Illustration pour *Cinq Semaines en ballon*, édition Hetzel.
40d Frontispice de *Cinq Semaines en ballon*, édition Hetzel.
41g Illustration pour *Cinq Semaines en ballon*, édition Hetzel.
41d P.-J. Hetzel en famille, photographie. Nantes, musée Jules-Verne.
42 Fergusson, illustration pour *Cinq Semaines en ballon*, édition Hetzel.
42-43 «Le Navire aérien», in *Le Musée des familles*. Paris, Bibl. nat.
43 Nadar et sa femme en ballon, photographie.
44 Projet d'affiche Hetzel. Nantes, musée Jules-Verne.
45h Fac-similé de contrat entre Jules Verne et Hetzel. Nantes, musée Jules-Verne.
45m Détail de reliure du *Magasin d'éducation et de récréation*, 1888. Nantes, musée Jules-Verne.
45b Jean Macé, photographie. Paris, Bibl. nat.
46-47 Illustrations pour les *Aventures du capitaine Hatteras*, édition Hetzel.
47h *Les Aventures du capitaine Hatteras*, image d'Epinal. Nantes, musée Jules-Verne.
48 Illustrations pour *De la terre à la lune*, édition Hetzel.
49h Sélénite, illustration pour *Les Premiers Hommes dans la lune* de H. G. Wells. Nantes, musée Jules-Verne.
49b Camille Flammarion, gravure. Paris, Bibl. nat.
50-51 et 52-53 Illustrations pour *Autour de la lune*, édition Hetzel.
54 Jules Verne au travail à Amiens, gravure. Nantes, musée Jules-Verne.
54-55 Détails d'une affiche «La Vapeur». Nantes, musée Jules-Verne.
55h Bateaux de pêche dans le port du Crotoy, carte postale. Nantes, musée Jules-Verne.
56g Pêcheur du Crotoy, carte postale. Nantes, musée Jules-Verne.
56d Le *Saint-Michel-I*. Amiens, centre de documentation Jules-Verne.
56-57 Jules Verne sur le *Great Eastern*, image d'Epinal. Paris, Bibl. nat.
57 Illustration pour *Une ville flottante*, édition Hetzel.
58h Scaphandre du docteur Boyton, in *Le Voleur*, 30 avril 1875. Nantes, musée Jules-Verne.
58b Cruikshank, illustration pour *Science Under Divers Forms*. Nantes, musée Jules-Verne.
58-59h Lettrage de l'affiche du film *20 000 Lieues sous les mers*, production Walt Disney. Nantes, musée Jules-Verne.
58-59 Coupe du sous-marin du docteur Payerne, in *L'Illustration*, 25 juillet 1846. Nantes, musée Jules-Verne.
59 Robida, illustration pour les *Voyages très extraordinaires de Saturnin Farandoul*. Nantes, musée Jules-Verne.
60-61 Illustrations pour l'édition de *20 000 Lieues sous les mers*, Scribners, New York, 1946. Nantes, musée Jules-Verne.
61 Maquette du *Nautilus*. Nantes, musée Jules-Verne.
62h Dessin anonyme pour *Le Phare du bout du monde*. Nantes, musée Jules-Verne.
62b Gil, caricature de Jules Verne. Nantes, musée Jules-Verne.
63 Dessin de Benett pour *Robur le Conquérant*. Nantes, musée Jules-Verne.
64h Jules Verne, photographie. Amiens, centre de documentation Jules-Verne.
64b Jules Verne, gravure. Paris, Bibl. nat.
64d Reliure de *La*

Découverte de la terre. Nantes, musée Jules-Verne.
64-65 Affiche Hetzel, étrennes 1890. Nantes, musée Jules-Verne.

CHAPITRE III

66 Affiche Hetzel, étrennes 1889. Nantes, musée Jules-Verne.
67 Mappemonde de Jules Verne. Nantes, musée Jules-Verne.
68h J.- B. Carpeaux, «Transport de blessés pendant le siège de Paris en 1871», dessin, Valenciennes, musée des Beaux-Arts.
68b Jules Verne, photographie.
69 Troupes aux Tuileries en 1870, photographie. Paris, Bibl. nat.
70h Titre du *Catéchisme des industriels* de Saint-Simon, 1823. Paris, Bibl. nat.
70b Gil, Caricature de Jules Verne. Nantes, musée Jules-Verne.
71 Carte illustrée de la ligne de chemin de fer Paris-Amiens-Boulogne. Paris, Bibl. nat.
72h Lettrage de l'affiche du film *Le Tour du monde en 80 jours*, production Michael Todd. Nantes, musée Jules-Verne.
72b Plaques de verre de lanterne magique sur le thème du *Tour du monde en 80 jours*. Nantes, musée Jules-Verne.
72-73 Jeu *Le Tour du monde en 80 Jours*. Nantes, musée Jules-Verne.
74h Image Poulain sur le thème du *Tour du monde en 80 jours*. Nantes, musée Jules-Verne.
74b Jeu *Le Tour du monde en 80 jours*. Nantes, musée Jules-Verne.
74-75 Boîte et carte de loto alphabétique sur le thème du *Tour du monde en 80 jours*. Nantes, musée Jules-Verne.
76 Affiche pour *Le Tour du monde en 80 jours* au Châtelet. Nantes, musée Jules-Verne.
77g Photographies de représentations du *Tour du monde en 80 jours* au Châtelet.
77d Gil, caricature de Dennery. Nantes, musée Jules-Verne.
78 Affiche pour *Michel Strogoff* au Châtelet. Nantes, musée Jules-Verne.
79g Plaques de stéréoscope «*Michel Strogoff* au Châtelet». Nantes, musée Jules-Verne.
79d L'acteur Marais, créateur du rôle de Michel Strogoff au Châtelet, photographie. Nantes, musée Jules-Verne.
80h Reliure des *Enfants du capitaine Grant*, édition Hetzel.
80-81 Illustrations pour *L'Ile mystérieuse*, édition Hetzel.
82h Signature d'une lettre de Hetzel à Benett.
82b Illustration pour *L'Ile mystérieuse*, édition Hetzel.
83 Nadar, Caricature de Hetzel. Paris, Bibl. nat.
84g «Amiens, bal travesti donné par M. Jules Verne», dans *Le Monde illustré*. Nantes, musée Jules-Verne.
84d Titre des plans du *Saint-Michel-III*. Nantes, musée Jules-Verne.
84-85 Titre d'une publication de Paul Verne.
85 Donatien Roy, Le *Saint-Michel-III* aux Salorges, aquarelle. Nantes, musée Jules-Verne.
86 Illustration pour *Un capitaine de quinze ans*, édition Hetzel.
86-87 Jules Verne, photographie de Carjat. Nantes, musée Jules-Verne.
87 Reliure, *L'Etoile du sud*, édition Hetzel.
88 Frontispice d'*Un capitaine de quinze ans*, édition Hetzel.
88-89 Locomotive Crampton, photographie.
89 Illustration pour *Aventures de trois Russes et de trois Anglais*, édition Hetzel.

CHAPITRE IV

90 Affiche Hetzel, étrennes 1882. Nantes, musée Jules-Verne.
91 Illustration pour *Le Maître du monde*, édition Hetzel.
92 La maison de Jules Verne rue Charles-Dubois à Amiens. Nantes, musée Jules-Verne.
92-93 Jules Verne et sa femme, dans *Plaisir de France*. Nantes, musée Jules-Verne.
93 Illustration pour *Le Rayon vert*, édition Hetzel.
94 Illustration pour *Le Chancellor*, édition Hetzel.
94-95 Le *Saint-Michel-III* dans la baie de Naples, gouache. Nantes, musée Jules-Verne.
96 Illustration pour *Frritt Flacc*, dans le *Figaro illustré*. Nantes, musée Jules-Verne.
97h Illustration pour *Mathias Sandorf*, édition Hetzel.
97b Le docteur Charcot. Paris, Bibl. nat.
98 Illustration pour *Les Aventures extraordinaires d'un savant russe* de Le Faure et de Graffigny. Nantes, musée Jules-Verne.
99h Illustration et titre de *Robur le Conquérant*, édition Hetzel.
99b Illustration pour *L'Archipel en feu*, édition Hetzel.
100hg Julien Wertheimer, portrait de Jules Verne en 1882, peinture. Nantes, musée Jules-Verne.
100hd P. de Coninck, portrait d'Honorine Verne, peinture. Nantes, musée Jules-Verne.
100 Gédéon Baril, affiche pour le bal donné par Jules Verne en 1885. Amiens, centre de documentation Jules-Verne.

INDEX

101h Jules Verne parmi les membres de la Société industrielle d'Amiens. Amiens, centre de documentation Jules-Verne.
102h Frontispice de *Sans dessus dessous*, édition Hetzel.
102m Le président du «Gun Club», illustration de *Sans dessus dessous*, édition Hetzel.
102-103 Illustration de titre des «Aventures de la famille Raton», dans *Le Figaro illustré*. Nantes, musée Jules-Verne.
103 P.- J. Hetzel, photographie de Numa Blanc. Nantes, musée Jules-Verne.
104-105 Illustration pour *Les Cinq Cents Millions de la Bégum,* édition Hetzel.
105 Jules Verne dans le jardin de sa maison à Amiens. Nantes, musée Jules-Verne.
106 Illustration pour *Le Château des Carpathes,* édition Hetzel.
106-107 «Train sortant du tunnel sous le champ de foire», carte postale. Amiens, centre de documentation Jules-Verne.
107 Illustration pour *Le Humbug* , édition Hetzel.
108-109 Dessin de l'«Ile à hélices» par Jules Verne dans une lettre à Benett.
109h Michel Verne, photographie. Nantes, musée Jules-Verne.
109b Illustration pour *La Journée d'un journaliste au XXIXe siècle,* édition Hetzel.
110h Reliure du *Maître du Monde,* édition Hetzel.
110 Caricature de Jules Verne âgé. Amiens, Centre de documentation Jules-Verne.
111 Albert Roze, tombeau de Jules Verne à Amiens.
112 Hommage à Jules Verne dans *Priroda i Suédi* («La Nature et les Gens»), hebdomadaire russe en 1905. Nantes, musée Jules-Verne.

TÉMOIGNAGES ET DOCUMENTS

113 Salvador Dali, portrait de Jules Verne. Nantes, musée Jules-Verne.
114-115 Tony Johannot, «Une soirée chez Nodier», gravure.
116-117 Vue de Nantes vers 1840, gravure. Paris, Bibl. nat.
120 Honorine de Viane, photographie.
122 Reliure des *Voyages au théâtre,* coll. part.
123 Eugène Lami, *Une loge à l'Opéra.* Paris, musée Carnavalet.
124-125 Illustrations pour *Voyages et aventures du capitaine Hatteras,* édition Hetzel.
127 Illustration pour *Autour de la lune,* édition Hetzel.
129 Illustration pour *Mathias Sandorf,* édition Hetzel.
131 Illustration pour *Vingt Mille Lieues sous les mers,* édition Hetzel.
132 Détail de reliure Hetzel «A l'éventail» pour *Vingt Mille Lieues sous les mers,* édition Hetzel.
133 Caricature de Jules Verne, in *L'Algérie comique et pittoresque.* Amiens, Centre de documentation Jules-Verne.
134 Léon Tolstoï, dessins pour *Le Tour du monde en 80 jours.* Moscou, musée Tolstoï.
136 Affiche Hetzel, étrennes 1892, Nantes,
musée Jules-Verne.
138 Paul Nadar, photographie de Jules Verne.
142-143 Illustrations pour «Frritt Flacc», in *Le Figaro illustré.* Nantes, musée Jules-Verne.
144-145 Photographie d'Amiens au XIXe siècle. Paris, Bibl. nat.
147 Le cabinet de travail de Jules Verne à Amiens. Amiens, Centre de documentation Jules-Verne.
148 Illustration pour *Autour de la lune,* édition Hetzel.
150 Illustration pour *Voyages et découvertes de mademoiselle Lili* de P.- J. Stahl, gravure, édition Hetzel.
152 Jules Verne, carte postale Galeries Lafayette. Nantes, musée Jules-Verne.
158 Paul Nadar, photographie de Jules Verne.
160 à 163 Reliures Hetzel d'oeuvres de Jules Verne, coll. part.
167 Carte de loto alphabétique sur le thème du *Tour du monde en 80 jours.* Nantes, musée Jules-Verne.

INDEX

A

Alger 92.
Allotte, Sophie 14, 17.
Amiens 71, 101, *105,* 107.
Ancienne-Comédie, rue de l' 21.
Arago, Jacques 26, *27, 29,* 30, 41, 71.
Archipel en feu, L' 99.
Arnault-Grossetière, Herminie 20.
Astronomie populaire 49.
Auteuil 45.
Autour de la lune 48, 51.
Aventures de la famille Raton, Les 103.
Aventures de trois Russes et de trois Anglais, Les 71, 89.
Aventures sans pareilles d'un certain Hans Pfaall parti pour la lune, Les 48.

B

Baudelaire, Charles 37, *67*, 71, 107.
Beau Danube jaune, Le 104, 108.
Benett 63, *64*, *83*, *109*.
Billet de loterie, Un 92.
Bonne-Nouvelle, boulevard 31, *32*.

C

Capitaine de quinze ans, Un 88.
Casse, l'abbé 35.
Cavaignac 20, *21*.
Chancellor, Le 70, 80, 87.
Chantenay 17, 19.
Château des Carpathes, Le 62, 98, *106*, 107, 108.
Chemin de France, Le 99.
Cinq Cents Millions de la bégum, Les 87, 103.
Cinq Semaines en ballon 40, 41, *42*.
Colin-Maillard 31.
Commune de Paris 69, 71.
Cooper, Fenimore 16, 27, *92*.
Crampton, locomotive 17, *17*.
Crotoy, Le 54, 56.

D - E - F

Dame aux camélias, La 24.
De Foe, Daniel *16*, 27.
De la terre à la lune 48.
Docteur Ox 103.
Dumas, Alexandre, fils 24, 25, 35, 80.
Dumas, Alexandre, père *22*, 23, 24, 35, 39, *97*.
Ecosse 38.
Enfants du capitaine Grant, Les 77, 80, 85.
En Magellanie 110.
Epave du Cinthia, L' 87.
Etoile du sud, L' 87.
Famille sans nom 40, 99.
Ferat 63, *64*.
Fergusson, Samuel 41, 42.
Flammarion, Camille 48, *49*.
Fogg, Philéas 74, *75*, 88, 111.

G - H - I - J

Grousset, Pascal (alias Laurie, André) 87.
Guerre de 70, 71.
Guillaume II 111.
Hatteras, capitaine 46, 47, 100, 109.
Hetzel, Jules (fils) 104, 106.
Hetzel, Pierre-Jules 20, *21*, 35, 37, *38*, 39, 40, 41, 43, 59, 63, 69, *79*, 80, 83, *83*, 103, *103*.
Hignard, Aristide 31, 32, 38.
Hoffmann, Ernst Theodor Amadeus 29, 31.
Hugo, Victor 20, 23, *24*, 37, 39, *41*.
Humbug, Le 107.
Ile à hélice, L' 55, 109.
Ile mystérieuse, L' 59, 110.
Ile mystérieuse, L' 81, 82, *82*, 87.
Indes noires, Les 38.
Journée d'un journaliste américain en 2889, La 109.

K - L - M

Kéraban le Têtu 89.
Lamartine 20, *21*, 23.
Laurie, André (dit Grousset, Pascal) 87.
Lemaître, Frédéric 24.
Macé, Jean 41, *45*, 63.
Machine à explorer le temps, La 38.
Magasin d'éducation et de récréation, Le 41, 45, 63.
Maison à vapeur, La 88.
Maître du monde, Le 100, 111.
Maître Zacharius ou l'horloger qui avait perdu son âme 29, 103.
Mallarmé, Stéphane *13*, 31.
Marrast *21*, 23.
Mathias Sandorf 94, 97, 102, 107.
Michel Strogoff 77, *79*, 85, 88.
Milan 95.
Musée des familles, Le 27, *28*, 41, 48.

N - O - P

Nadar 43, 84.
Nantes 14, 17, *18*, *32*.
Naufragés du Jonathan, Les 110.
Nemo, capitaine 58, 59, 65, *61*, 80, 81, *82*, 83, 96, 109.
Neuville 63, *64*.
New York 55.
Nord contre Sud 99.
Offenbach, Jacques 35, 84, *106*.
«Onze-sans-femmes», les 32, 33, 35.
Pailles rompues, Les 24, 25.
Phare du bout du monde, Le 111.
Pilote du Danube, Le 108.
Pluralité des mondes habités, La 48.
Poe, Edgar 29, 31, *31*, 48, 74, *92*.
Premiers Navires de la marine mexicaine, Les 27, *28*.

R - S

Rayon vert, Le 92, *93*.
Rimbaud, Arthur *91*.
Rioux 63, *64*.
Robinson Crusoe 16.
Robinson suisse 16, *17*.
Robur 98, *98*, 100, 111.
Robur le Conquérant 48, 95.
Saint-Michel (I, II et III, les bateaux de Jules Verne) *56*, 57, 63, 68, 71, 85, *85*, 92, 93, 94, 102.
Sandorf, Mathias 95, 96, 97, *97*, 107, 109.
Scènes de la vie publique et privée des animaux 35.
Scott, Walter 38, *92*.
Secret de Wilhelm Storitz, Le 62, 98, 108.
Sans dessus dessous *103*, 104.
Seveste, Jules 25.

T - V - W - Z

Testament d'un excentrique, Le 108.
Théâtre-Lyrique (anciennement Théâtre historique) 24, 25, 31.
Tour du monde en quatre-vingts jours, Le 72, 74, 77, 85.
Tronson, Caroline (la cousine) 19, *19*, 20.
Verne, Gaston (le neveu) 102.
Verne, Honorine (née de Viane, l'épouse) 34, *35*, 38, 39, 45, 54, 56, 84, 92, 94, 100, 103.
Verne, Michel (le fils) *35*, 46, 55, 86, *86*, 87, 88, 97, 102, 108, 111, *111*.
Verne, Paul (le frère) 14, 17, 55, 84, 92, 102.
Verne, Pierre (le père) 14, 35.
Ville flottante, Une 55.
Ville idéale, Une 105.
Vinci, Léonard de 95, 98.
Vingt Mille Lieues sous les mers 61, 63.
Voyage au centre de la

terre 63, 87, *95*.
Voyage dans les airs, Un 39.
Voyage en ballon, Un

29.
Voyages et aventures du capitaine Hatteras 47, 63.

Voyages extraordinaires, Les 25, *41*, 43, 55, *65*, 69, 80, 101, 109, 111.

Wells, H. G. *38*, *49*.
Wyss, J. D. 16, *17*, 27.
Zacharius 30, *30*.

CRÉDITS PHOTOGRAPHIQUES

Archives photographiques, Paris/© Spadem1er plat. Bibliothèque nationale, Paris 14/15, 19h, 20, 20/21, 21h, 21b, 22/23, 25, 27b, 28, 28/29, 29g, 29d, 30, 31, 33, 35b, 42/43, 45b, 49b, 56/57, 64b, 69, 70g, 71, 83, 97b, 99b, 116/117, 144/145. D. R. 1er plat, dos, 4e plat, 1 à 9, 11, 12, 13, 14, 15, 16, 16/17, 17h, 18/19, 19b, 24/25, 26./27h, 27h, 34h, 34/35, 35h, 37, 38g, 38d, 39, 40g, 40d, 41g, 41d, 42, 43, 44, 45h, 45m,46h, 46/47, 47h, 47b, 48, 49h, 50/53, 54, 54/55, 55, 56g, 56d, 57, 58h, 58b, 58/59h, 58/59, 59, 60/61, 61, 62h, 62b, 63, 64h, 64d, 65, 66, 67, 68h, 70b, 72h, 72b, 72/73, 74h, 74b, 74/75, 76, 77d, 78, 79g, 79d, 80h, 80/81, 82h, 82b, 84g, 84d, 85, 86, 86/87, 87, 88, 89, 90, 91, 92, 92/93, 93, 94, 94/95, 96, 97h, 98/99, 99h, 100h, 100b, 100/101, 101, 102h, 102m, 102/103, 103, 104/105, 105, 106, 106/107, 107, 108/109, 109, 110g, 110d, 112, 113, 120, 122, 124/125, 127, 129, 131, 132, 133, 136, 138, 142/143, 147, 148, 150, 152, 158, 160/163, 167. Giraudon, Paris 22, 23, 24b, 36, 114/115, 123, 134. La Vie du rail, Paris 17b, 26/27b, 88/89. Musées de la Ville de Paris/© Spadem 32, 32/33. Roger-Viollet, Paris 24h, 68b, 77g, 84/85.

REMERCIEMENTS

L'auteur adresse ses remerciements à Valérie Massignon, pour sa patience complice, à Jacques Leclercq, Michel Rœthel, Cécile et Maurice Compère, Jean-Luc Quoy-Bodin, Pierre-André Touttain qui l'ont aidé pour ce travail; ainsi qu'à Simone Vierne, Olivier Dumas, Charles-Noël Martin, Jean Jules-Verne, Michel Serres, Daniel Compère, A.Parménie et C.Bonnier de la Chapelle dont les ouvrages lui ont permis d'approfondir ses recherches; aux publications Europe, Bulletin de la Société Jules Verne, Arts et Métiers du Livre; et au personnel bénévole du Centre de documentation Jules Verne à Amiens, sans lesquels cette étude n'aurait pas été réalisable.

Les Editions Gallimard remercient Mmes Claudine Sainlot et Colette Gallois, responsables du musée Jules Verne à Nantes, Mme Cécile Compère au Centre de documentation Jules-Verne, Melle Maxime Verron, et M. Michel Rœthel pour son aide précieuse et le prêt de nombreux documents iconographiques.

COLLABORATEURS EXTÉRIEURS

Michèle Decré a participé à la préparation du texte. Dominique Guillaumin a effectué la lecture-correction et le montage des Témoignages et documents.

Table des matières

I L'ENFANT DE LA LOIRE

14 Verne, le nom celte de l'aulne
16 Les robinsonnades
20 Paris monte sur les barricades
22 Les tables tournantes
24 Les débuts à l'affiche
26 «Je comprends ce que je serai un jour»
28 Premières nouvelles et vastes paysages
30 Un poète sous le manteau
32 Le club des «Onze-sans-femmes»
34 Une jeune veuve, sœur de la mariée

II «LES VOYAGES EXTRAORDINAIRES»

38 Hetzel, l'éditeur, le père
40 De bons sauvages et de nobles savants
42 Du lest, encore du lest
44 «Le Magasin d'éducation et de récréation»
46 Le choc de la glace et du volcan
48 La science au secours du rêve
50 *L'euphorie de l'espace*
54 L'engrenage de la littérature
56 L'inspiration en mer, la rédaction à terre
58 «Mobilis in mobile»
60 «La mer : l'immense désert où l'homme n'est jamais seul»
62 Dix mille gravures pour les «Voyages»
64 Autres dieux, autres hommes

III INSTRUIRE ET DIVERTIR

68 Le naufrage de l'Empire
70 Le monde vu d'Amiens
72 La course avec le temps
74 Le temps du succès
76 *Amours à rebours : le théâtre est de retour*
78 *Le courrier du Czar*
82 L'éditeur sans concessions
84 La grande vie
86 Un fils récalcitrant
88 La conquête ambiguë du chaos

IV LE SCEPTIQUE DE LA SCIENCE

92 «Calme comme le coucher des constellations»
94 Croisière en Méditerranée
96 Ballade avec la folie et la mort
98 Sous l'étoile de Léonard
100 Les rendez-vous bourgeois
102 L'homme dans tous ses états
104 La machine impuissante
106 Le théâtre des ombres
108 Les limites de l'idéal
110 «Je suis artiste»

TÉMOIGNAGES ET DOCUMENTS

114 Lettres de jeunesse
122 L'expérience théâtrale
124 «Les Voyages extraordinaires»
138 Voyages avec la mort
144 Entretien avec Jules Verne
148 L'art poétique de Jules Verne
150 La redécouverte de Jules Verne
160 Les reliures Hetzel
164 Annexes